KB167818

신채호,
어벤저스를 결성하다

탐 철학 소설 31

신채호, 어벤저스를 결성하다

초판 1쇄	2017년 6월 9일
초판 2쇄	2018년 7월 16일

지은이	염명훈

책임 편집	김현경
마케팅	강백산, 강지연
디자인	이정화
표지 일러스트	박근용

펴낸이	이재일
펴낸곳	토토북

주소 04034 서울시 마포구 양화로11길 18 3층 (서교동, 원오빌딩)
전화 02-332-6255 | 팩스 02-332-6286
홈페이지 www.totobook.com | 전자우편 totobooks@hanmail.net
출판등록 2002년 5월 30일 제10-2394호
ISBN 978-89-6496-339-5 44100
ISBN 978-89-6496-136-0 44100 (세트)

ⓒ 염명훈 2017

● 이 책의 사용 연령은 14세 이상입니다.
● 탐은 토토북의 청소년 출판 전문 브랜드입니다.

신채호,

어벤저스를 결성하다

염명훈
지음

31
탐
철학
소설

탐

차례

신념을 가진 사람은 아름답습니다. 눈앞의 이익을 따르지 않고 잡히지도 보이지도 않는 신념을 따라가는 사람에게는, 인간만이 지니는 존엄이 느껴지기까지 합니다. 그러나 자기가 가진 신념을 의심하지 않는 사람만큼 위험한 사람도 없습니다. 그런 사람에게 신념은 주변을 향한 폭력이며 자신을 망치는 독(毒)일 뿐입니다.

단재(丹齋) 신채호 선생은 신념을 가진 사람이었습니다. 친자식과도 같은 조카딸이 친일파와 결혼하려 하자 손가락까지 자르며 관계를 끊었습니다. 모진 고문과 살인적인 환경의 감옥에서 벗어날 기회가 와도 친일파의 보증이라면 나갈 수 없다고 거절했습니다. 곧 죽음으로 이어질 것이 뻔한 길을 나서기 위해 너무나 사랑했던 아내와 자식을 돌려보내기도 했습니다.

그러나 신채호 선생은 자신의 신념이 무조건 옳다고 생각하지는 않았습니다. 자기 신념을 끝없이 점검하고 확인했습니다. 시대의 변화에 민감했고, 민중의 요구를 우선했으며, 바른 정보에는 생각을 고쳤습니다. 성리학 신동이었지만 개화에 눈을 뜨면서 사회 진화론을 받아들이기도 했습니다. 사회 진화론이 다른 나라를 침략하려는 사람들의 논리이고 실천 없는 계몽을 부르짖는다는 허점을 발견한 후로는 무정부주의의 길을 걸었고요. 죽음을 앞둔 직전에는 이념과 계급에 상관없이 모든 독립운동 세력이 하나가 되어야 한다는 민족 전선론을 받아들였습니다. 돌 같으나 물 같고, 단단하나 유연한 삶이었습니다.

그런데 사람들은 신채호 선생을, 고개도 숙이지 않고 세수를 할 정도로 고집이 세고 오직 혁명과 투쟁만을 위해 산 과격한 사람으로 이해하는 경우가 많습니다. 이러한 오해가 부족하나마 이 책으로 조금은 씻기기를 바랍니다. 너무나 단단한 신념들이 양보 없이 부딪혀 그 파편만으로도 많은 사람이 상처 입고 쓰러지는 이 괴로운 시대에, 단재 선생의 삶이 주는 교훈이 여러분에게도 새겨지기를 바랍니다.

이 책은 신채호 선생 삶의 후반부인 1920년대에서 시작합니다. 단재 선생에게나 우리 독립 운동사에서나 가장 강렬히 타올랐던 이 시기를 엿

보기 위해 지호, 현우, 무원이라는 가상의 인물을 넣어 보았습니다. 어느 시대이든 청년들은 받은 것도 없이 쏟아지는 기대와 양심 없이 부과되는 희망을 안고 비틀거립니다. 일제 강점기에 이 청년들이 살아 내야 했던 많은 순간들도 어쩌면 지금과 크게 다르지 않으리라 생각합니다.

나무를 보아 재목(材木)을 정하듯이 어린아이는 그 성질에 따라 가르 쳐야 하는 것이니 아이의 성질을 어겨서 가르치는 것은 나무의 재목 을 잘못 씀과 같은 것이다. 소나무가 비록 좋은 나무라 하나 활을 만 드는 데는 뽕나무만 못하고 대나무가 비록 좋은 나무라 하나 몽둥 이로 쓰자면 다래 덤불만도 못한 것과 같이 아이들도 각각 그 성질 에 따라 가르쳐야만 될지니 대개 우리 조선 사람들은 아이들의 성 질을 좇아서 가르치지 아니하고 각기 처지와 욕심에 따라 가르친다. (······) 요즈음 아이들을 가르치는 이들이 매번 집에서 전해져 오는 직업으로만 그 아이를 가르치다가 그게 안 되면 재주 없는 자식이라

하고 그 성질에 따라 가르치는 법은 알지 못하니 참으로 애석하다.

1935년 〈신동방〉이란 잡지에 실린 신채호 선생의 글입니다. 저 역시 두 아이를 기르는 아버지로서 많이 생각했던 글입니다. 그래서 이제야 이 책을 쓰는 동안 가르치기는커녕 함께하지도 못했던 태균, 승욱에게 미안함을 전합니다.

언제나 그렇듯, 세상의 모든 일이 그러하듯 많은 분의 도움으로 이 책은 만들어졌습니다. 깊이 고개 숙입니다. 제가 받은 도움을 갚는 데 이 책이 조금이나마 쓰였으면 하는 바람입니다.

염명훈

1

조선 혁명 선언

朝鮮革命宣言

바다에서 불어오는 바람은 고향에서 시작되는 바람이었습니다. 소백산맥 기슭 한곳, 어렵기만 한 공부에 지쳐 멍하니 눈길 주던 그 봉우리들 하나에서 바람은 일어 호남의 넓은 들을 지나 서해의 파도를 넘어 이곳 상하이까지 온다고, 지호는 생각했습니다. 그러나 남의 땅에서 맞는 겨울바람은 조국의 바람하고는 달라 물기가 가득했습니다. 그 바람 속에는 습기와 더불어 고향을 떠나기 직전 처음 쥐었던 그 아이의 손에서 배어 나오는, 달큰한 땀내도 섞여 있었습니다. 심장이 터질 듯 가슴 뛰던 소리도 함께 실려 왔습니다.

강아지, 뻐꾸기, 산비둘기 같은 짐승 소리를 잘 흉내 내던 아이.

풀 먹는 짐승처럼 작은 소리에도 깜짝깜짝 놀라는 겁 많던 아이.

몸이 날래서 늘 달음박질에 앞서고 나무에 잘 오르던 아이.

그 아이는 이제 먼 곳으로 떠나려는 지호와 처음이면서 마지막일 수 있는 손을 잡고 있었습니다. 그렇게 한참이나 지난 뒤 민망함에 조심스레 손을 뺀 아이는 쥐고 있던 손수건으로 서둘러 땀을 닦았습니다. 흔히 볼 수 있는 무명[1]으로 만든 손수건이었지만, 군데군데 꽃이 수놓아져 있었고 귀퉁이에는 무언가 글자가 들어가 있었습니다. 지호는 그 모습을 물끄러미 보다가 자기도 모르게 얘기했습니다.

"현우야, 그 손수건……."

"네? 제 이름을 박아 넣은 걸 어떻게……."

"그래서, 그래서 내가 가졌으면 하는 거야."

"그렇다면……. 이건 제가 아는 둘뿐인 글자예요. 어머니가 이름만은 쓸 줄 알아야 한다고 하셔서 잊지 않으려고 제 물건 어디나 새겼어요. 이제 또 이 글자를 새겨 놓고 싶은 다른 곳이 있지만…… 이 물건이 그걸 대신해 주겠네요."

아이는 지호의 눈을 반짝 마주치더니, 꼭 쥐고 있던 손수건을 천천히 입으로 가져갔습니다. 그러곤 한쪽 이로 물더니 소리 나게 반을 찢었습니다. 아이가 물기 가득한 눈으로 지호에게 내민 반쪽에는 '雨(우)'라는 글자가 수놓아져 있었습니다. 그러면서 조용히 알 수 없는 새소리를 냈습니다.

"지빠귀가 짝을 부르는 소리예요. 어디 계시든 이 소리를 들으셨으면 좋겠어요."

부두에서 바다 건너 고향 쪽으로 눈길을 주던 지호는 여전히 간직하고 있는 그 손수건을 꼭 쥔 채 그 아이, 현우의 내음을 맡듯 다시 한번 깊게 숨을 마셨습니다. 상하이의 구석진 여관에서 신채호 선생을 돕는 틈틈이 필요한 책과 신문을 사거나 편지라도 부칠 일이 있어 잠깐이라도 나오게 되면 늘 있는 일이었습니다.

'돌아간다. 살아서 돌아간다……. 해방된 나라로 반드시 나는 돌아갈 것이다. 그때까지 꼭 너도 살아서 기다려라.'

어느덧 등 뒤로 넘어간 해가 머리 그림자를 바다에 담그려 할 무렵, 지호는 마치 자신이 물에 빠지기라도 하는 듯 서둘러 몸을 돌려 숙소로 발걸음을 옮겼습니다.

1923년 새해가 시작된 지도 한 달이 다 되어 가고 있었습니다. 그즈음 지호가 몸담은 의열단은 자신들이 왜 일본에 총과 폭탄을 들고 싸워야 하는지, 무엇을 위해 그렇게 한목숨 던져야 하는지를 동포들에게 설명해야 하는 처지로 몰리고 있었습니다.

작년 3월, 멀지 않은 황포탄 부두에서 오성륜, 김익상, 이종암 세 동지가 중국을 방문한 일본 육군 대장 다나카 기이치를 암살하려 했습니다. 시도는 실패로 끝났고 총탄이 오가던 현장에서, 신혼여행을 왔던 영국인 부인이 뜻하지 않게 목숨을 잃었습니다. 그러자 믿었던 동포들 가운데 일부가 책상 뒤에 숨어 의열단을 비난하는 일이 벌어졌습니다. 심지어 대한민국 임시 정부에서도 의열단과 자신들은 아무런 관계가 없다는 입장을 발표할 정도였습니다. 그래서 의백(단장)

인 김원봉은 베이징까지 가서 단재 신채호 선생을 모셔 왔습니다. 타협하지 않는 정신으로 칼보다 더 깊이 사람을 찌르는 글을 써 왔고, 흩어져 없어질 말로만 독립운동을 하려는 자들을 떠나 중국으로 몸을 피해 있던 선생이야말로 의열단이 가려는 길이 무엇인지 밝혀 줄 유일한 사람이었기 때문입니다.

더구나 선생은 나라를 잃기 전인 1910년에 이미 〈대한매일신보〉에 〈철퇴가〉라는 글을 발표하여 진시황제를 암살하려 했던 창해역사(滄海力士)란 인물을 높이 평가했습니다. 1916년에 쓴 《꿈하늘》이란 소설에서는 "을지문덕도 암살당을 조직하였더라"라는 글을 넣어 암살 행위와 폭력 투쟁의 정당성을 옹호하기도 했습니다.

지호는 같은 단원이면서 김원봉보다 나이가 많은 유자명과 함께 이 일을 돕고 있었습니다. 유자명이 이념과 토론으로 돕고 있다면, 지호는 언제 들이닥칠지 모르는 일본의 급습을 막기 위해 가슴에 총과 칼을 품은 채 몸으로 돕고 있었습니다.

"지호, 상하이로 선생님을 모셔 오는 과정에서 아무래도 누군가의 눈에 띌 수 있고, 그게 소문이라도 나면 선생님이나 우리 동지들이나 모두 위험에 빠질 수 있네. 더구나 이곳 상하이에는 임시 정부의 앞길을 결정하기 위해 수많은 동지가 모이고 있지 않나? 그만큼 일본이 눈에 불을 켜고 이쪽을 노리고 있을 테고 말이야. 그러니 수고스럽겠지만 유자명 형님과 단재 선생님을 보호하는 일은 자네가 맡아 줘야겠네. 자네 실력이면 충분히 혼자라도 감당할 수 있을 거야."

지호는 조국을 떠나오기 전부터 익히 이름을 알고 있었던 신채호 선생을 가까이에서 만날 수 있다는 사실이 기뻤습니다. 더구나 의열단이 나아갈 길을 밝히는 중요한 일을 맡은 선생을 보호하게 되다니, 그동안 애써서 닦아 온 몸이 비로소 쓰일 때가 생긴 것 같았습니다.

"염려 마십시오. 제 목숨을 잃더라도 우리 동지들에게, 아니 우리 민족에게 빛이 될 글이 나오는 데 전혀 걸림이 없도록 하겠습니다."

두 사람이 글에 매달리는 동안 지호는 밤늦게까지 방 앞을 지키고 앉아 여관 주변에 수상한 인물이 없는지 살폈습니다. 그러면서 두 사람의 이야기를 자연스럽게 들을 수 있었습니다.

"선생님, 선생님께서 그동안 써 오셨던 많은 글을 저 역시 빼놓지 않고 읽어 보았습니다. 그러나 선생님께서 그토록 중요하게 생각하시는 민족은 이제 더 이상 역사의 주인일 수 없습니다. 민족 중에서도 가장 수가 많으며 가장 고통받고 가장 많은 일을 하는 민중이야말로 역사의 주인이어야 하는 것입니다."

"이보게 우근[2], 그게 무슨 말인지 내 모르는 바 아니네. 그러나 오랜 시간 같은 말을 쓰고 같은 역사 속에 살아온 민족, 그 핏줄 역시 무시할 수는 없지. 일본과 비교해 보세. 그들과 우리가 다른 것이 무엇인가? 바로 민족적 특성 아닌가? 그들로부터의 해방을 이야기하려면, 무엇보다 조상이 달라 뿌리가 섞일 수 없으며 그에 따라 몸속에 흐르는 피가 다르고 살아온 땅과 하늘이 말 그대로 천지(天地) 차이임을 빼놓을 수는 없는 걸세. 그 이야기가 빠진다면 우리가 하고자 하는 말의 뼈대 가운데 반이 빠지는 것이나 다름없네."

"물론 알고 있습니다. 그러나 나라를 팔아먹고, 왜놈이 던져 주는 기름과 고기에 취해 우리 부모 형제를 팔아먹는 놈들까지 같은 핏줄이라고 한편으로 묶을 수는 없는 것 아니겠습니까?"

"그건 두말할 필요 없는 것이네. 그놈들에게 베풀어 줄 자비는 없지. 또한 독립을 입으로만 떠드는 자들에게도 이번 기회에 분명히 우리 입장을 밝힐 필요가 있겠지. 바로 그런 내용을 이 글에 담고자 하는 것이니 조금만 더 기다려 보게."

작업은 생각보다 오래 걸렸습니다. 글을 쓰는 중간중간 단재 선생은 임시 정부의 내부 문제를 해결하기 위해 독립운동가들이 모인 국민대표회의에도 참석해야 했습니다. 아니 어쩌면 멀지 않은 곳에서 열리고 있는 국민대표회의에 참석하는 틈틈이 의열단 선언을 쓰고 있다는 것이 더 정확할 정도였습니다.

임시 정부는 세워진 지 4년도 되지 않아 많은 어려움에 부딪히고 있었습니다. 성과는 손에 잡히지 않았고, 사람마다 독립으로 가려는 길이 다르다는 것이 드러나기도 했습니다. 이 어려움을 그냥 둔다면 해방의 길이 사라질 것은 누구나 알 수 있었습니다. 100명이 넘는 독립운동가들은 그래서 모였습니다. 그들은 비록 지금은 누추하지만 3·1 운동의 희생과 교훈으로 세워진 자랑스러운 임시 정부의 앞길을 놓고, 무장 투쟁을 위해 새로이 임시 정부를 만들자는 창조파와 지금 상태를 그대로 유지하면서 독립운동을 위한 다양한 방법을 받아들이자는 개조파로 나뉘어 논쟁을 거듭하고 있었습니다. 토론은 격렬했고 타협은 멀었습니다.

신채호 선생은 누구보다 목소리를 높여 창조파의 생각을 전했습니다. 아니 개조파의 주장을 반대하고 있었습니다. 그러나 선생과 뜻을 같이하는 사람의 수는 적었고, 외교를 통해 독립을 이루어야 한다는 사람들의 생각은 쉽게 바뀌지 않았습니다.

외교론은 어제오늘 시작된 이야기가 아니었습니다. 제1차 세계 대전이 끝나고 프랑스 파리에서 전쟁 이후의 문제를 해결하기 위해 국제회의가 열렸습니다. 이 회의에 참석하려고 정한경과 함께 하와이에서 출발해 워싱턴에 머물던 이승만은 "장차 독립을 보장하는 조건으로 한국을 국제 연맹[3] 위임 통치 하에 둠으로써 일본의 지배로부터 해방시켜 달라"는 취지의 위임 통치안을 미국 정부에 제출했습니다. 신채호 선생은 분노했습니다. "이완용은 있는 나라를 팔아먹었지만 이승만은 없어져 버린 나라까지 팔아먹었다"는 한탄과 실망 속에 독립운동가들을 모아 성토문을 발표했습니다.

오천 년간 독립을 이어 온 우리나라가 야만적인 일본에 넘어가 십 년 피나는 싸움을 계속해 오며 그 싸움에 더욱 힘을 보태려는 이때에,

일본은 물론이요 중국의 조선인도 독립을 부르며,

러시아의 조선인도 독립을 부르며,

미국의 조선인도 독립을 부르며,

일본 동경의 조선 유학생도 독립을 부르는 이때에,

더군다나 미국 땅의 동포들은 대한인국민회[4]가 나서 이끌자 각 지역에서 호응하여 힘들게 일해 피와 땀으로 벌어들인 돈을 모아, 평화 회의에 조선 독립 문제를 제출하기 위하여 이승만과 정한경을 대표로 뽑아 파리에 보내었다.

그런데 그들이 길을 떠났다가 여행권을 얻지 못하여 중간에 머무르던 중에 나라를 빼앗긴 지 십 년 일본인의 식민지 된 원통함을 잊었는지,

독립을 위하여 칼에, 총에, 고문에 죽은 선열들이 계심을 몰랐던지,

우리 조선을 원래 독립국이 아닌 줄로 생각하였던지

갑자기 위임 통치 청원서 곧 '조선이 미국의 식민지가 되게 해 주십시오' 하는 요구를 미국 정부에 제출하여 나라와 민족을 파는 행위를 감행하였다. (······)

우리가 앞으로 나아갈 길은 전국 이천만이 피와 눈물로 요구하는 것은 '독립뿐'이라고 부르짖으며, 안으론 동포의 온갖 힘을 단합하며, 밖으론 여러 나라의 동정을 널리 구함에 있거늘, 이제 위임 통치의 말도 안 되는 주장을 용서하고 허락하면, 샛길을 열어 동포를 어지럽게 할 뿐 아니라, 또 우스꽝스러운 모순으로 외국인에게 보이어 조선 민족의 본뜻이 어디 있는가를 의심케 하리니, 독립운동의 앞길을 위하여 이들을 비판하지 않을 수 없도다.

사람들을 만나고 밤늦게 여관으로 돌아오면 신채호 선생은 식사도 미루고 쓰던 원고를 물끄러미 바라보곤 했습니다. 지친 몸에도 잠들기는 쉽지 않았습니다. 어렵게 든 잠에 꿈은 매웠습니다. 선생은 일어나 지호를 깨웠습니다.

"지호, 잠에 들어 있나?"

지호는 자기를 부르는 작은 소리에 손에 가까이 두고 있던 권총부터 잡고 벌떡 일어났습니다. 늦잠이라도 잤나 싶어 창문 쪽을 보았습니다. 밖은 어두웠습니다.

"나와 어디 좀 가세."

"이 새벽에 어디를 말씀하시는 겁니까?"

선생이 말없이 앞장서 간 곳은 이전에도 몇 번이나 왔었던 폭탄

제조소였습니다. 처음 이곳을 김원봉과 같이 찾았던 선생은 감격에 겨워 말을 잇지 못할 정도였습니다.

"그래, 내가 그동안 말해 오던 일이, 하려던 일이 여기에서 시작되고 있었어. 약산[5] 자네가 참으로 큰일을 하고 있었네. 우리 민족을 위해, 민중들을 위해 큰일을 하고 있어."

폭탄 제조소는 아직 해가 뜨기도 전이라 조용히 문을 두드려도 나와 보는 사람이 없었습니다. 담을 넘어서라도 문을 열려는 지호를 선생은 손을 들어 말렸습니다. 그러곤 가만히 문을 쓰다듬으며 이마를 기대었습니다.

"이 안에서 만들어진 물건이야말로 우리 독립에 꼭 필요하네. 잘 만들어야 해. 잘 터져야 해. 그 큰 소리에 우리 민족의 비명이 실려 있어야 해. 그런데 이것들을 당장 쓰자 해도 여전히 아직 준비가 필요하다고만 하니…… 더 기다리자고만 하니……. 사람들을 깨우치는 잡지나 신문을 만들면 뭐 하나. 왜놈들에게 작은 상처 하나 주지 못하는걸."

선생은 그렇게 몇 번이나 제조소에서 머물다 돌아오면 그래도 조금은 글에 매달리는 듯했습니다.

유자명은 선생을 모셔 온 첫날부터 틈틈이 때로는 격렬하게, 때로는 간절하게 의열단의 생각과 방향을 설명하곤 했습니다. 그러나 밤이 늦도록 글에 매달리는 선생 곁에서 간단한 수발을 들며 질문에 답을 하거나 반대로 질문을 던지던 유자명의 모습은 날이 지날수록 줄어들고 있었습니다. 유자명의 질문이 점점 줄어드는 것을 보며 지호는 선생의 글이 곧 완성되리라는 것을 알 수 있었습니다. 그렇게 며칠이 지난 후였습니다.

"저녁을 준비하라 전해 주시게. 아니 술도 한잔했으면 좋겠군. 허허."

여느 때와 같이 끼닛거리를 사 들고, 따라오는 인기척이 없는지 살피며 시장에서부터 먼 길을 돌아 여관 문에 들어서는 지호에게 유자명이 유쾌하게 말을 건넸습니다. 방 한쪽에는 가지런히 원고 뭉치가 놓여 있고, 단재 선생의 입가에도 처음 보는 듯한 웃음이 가득했습니다.

"내일 날이 밝으면 이 원고를 인쇄소에 맡기고 오게나. 약산에게는 내가 소식을 전하지."

'드디어 끝이 났구나.'

지호 역시 조마조마했던 임무가 마무리되는 듯해서 기뻤습니다. 무엇보다 한 달 가까이 귀동냥을 통해 듣기만 하던 글이 어떤 내용을 담고 있는지 궁금했습니다.

"알겠습니다. 곧 준비하겠습니다. 그런데 우근 형님, 제가 좀 먼저 읽어 봐도 괜찮겠습니까?"

"물론이지. 이 글이 나오기까지 자네가 울타리가 되어 준 일을 생각하면 자네야말로 제일 먼저 읽을 자격이 있는 사람이지. 선생님, 그렇지 않습니까?"

"그렇고말고. 지호 자네가 참으로 애썼네."

"그리고 선생님, 생각해 보니 이 글은 의열단 선언이라 하면 안될 것 같습니다. 우리 조선 전체를 아우르는 '조선 혁명 선언'이라 해야 할 것 같습니다. 하하하."

"그런가? 그렇다면 당장 제목을 고치도록 하지."

그러나 지호가 원고를 들고 옆방으로 건너가자 두 사람의 얼굴에는 점차 웃음이 사라졌습니다. 음식이 들어오고 그동안 써 온 글에 대한 간단한 축하와 다짐의 말들이 끝나자 목소리를 낮추기 시작했습니다. 무언가를 걱정하는 듯 한숨과 더불어 긴 이야기가 이어졌습니다.

식사는 밤늦게까지 계속되었습니다. 두 사람을 보호하는 일이 아직 끝나지 않은 지호는 어차피 밤에도 깊은 잠을 잘 수 없었습니다. 옆방에서는 평소와 달리 낮게 이야기하는 듯했지만 원고에 마음을 뺏긴 지호는 크게 신경 쓸 생각을 하지 못했습니다.

조선 혁명 선언

원고지 겉장을 두꺼운 종이로 대고 그 위에 막 새로 쓰여 있는 글씨를 보자마자 지호는 가슴이 떨렸습니다. 그리고 조심스럽게 자기

방에 들어와 원고의 첫 장을 읽어 내려갔습니다.

강도 일본이 우리나라의 이름을 없애고 우리의 정치권력을
빼앗으며, 우리가 최소한 살아갈 수 있는 모든 필요한 조건을
다 빼앗아 갔다. 경제의 생명인 산과 숲, 강과 연못, 철도, 광
산, 어장 내지 소공업 원료까지 다 빼앗아 모든 생산 기능을
칼로 베며 도끼로 끊고, 땅에 붙이는 세금, 집에 매기는 세금,
사람 수에 따라 내는 세금, 기르는 동물에 붙는 세금, (……) 깨
끗하게 살라고 내라 하는 세금, 한 푼만 벌어도 뜯어 가는 세
금, 그 밖의 여러 잡다한 세금이 하루도 거르지 않고 증가하
여 피는 있는 대로 다 빨아 가고, (……) 대다수 인민 곧 일반
농민들은 피땀을 흘리어 토지를 갈아, 그 한 해를 마친 소득
으로 자신의 한 몸과 부인, 자식의 입에 풀칠할 거리도 남기
지 못하고, 우리를 잡아먹으려는 일본 강도에게 갖다 바쳐 그
살을 찌워 주는 영원한 소와 말이 될 뿐이요, 나중에는 그 소
와 말의 생활도 못 하게 일본에서 이민 오는 일본인들의 수가
빠르게 늘어만 가니 '딸깍발이' 일본 놈 등쌀에 우리 민족은
발 디딜 땅이 없어 산으로 물로 서간도로 북간도로 시베리아
의 황야로 몰려가 굶어 죽은 귀신에서부터 떠돌다 죽은 귀신
이 될 뿐이다.

여기까지 읽고 지호는 긴 한숨을 내쉬었습니다. 첫머리부터가 먼 남의 일이 아니라 자신의 처지를 그대로 설명해 주었습니다.

어려서 부모님을 모두 잃고 힘겨운 삶을 살아온 아버지, 물려받은 땅도 몸도 변변치 않아 늘 기침을 달고 살던 몸에도 외세를 맞아 위정척사(衛正斥邪)[6]의 깃발을 들고 고을 사람을 모아 의병을 이끌던 아버지, 가장 믿었던 사람에게 배신을 당한 후 모진 매질을 받고 목숨을 잃은 아버지. 그런 아버지의 장례가 끝나자마자 어머니는 남편 잃은 아내로서 슬퍼하기보다 어린 형제들을 무사히 키워야 한다는 생각에 더 골몰했습니다. 방법은 일단 서둘러 외가로 몸을 피하는 것이었습니다. 어머니는 변변치 않은 세간도 제대로 챙기지 못하고 서두르면서도 친정에서부터 따라와 자신을 돕던 김천댁 모녀를 챙기는 것을 잊지 않았습니다.

"현우 아범이 우리 바깥양반을 따라나선 후로 역시 소식이 없는 걸 보니 자네에게도 심상치 않은 일이네. 일단 어린 현우부터 단속해서 얼른 우리와 같이 길을 떠나세. 그래도 김천으로 가면 우리 일가붙이들이 굶어 죽게 하지는 않을 걸세."

지호보다 머리도 목소리도 굵은 형들은 외가 근처의 초가집으로 옮긴 이후에도 공부를 놓지 않으며 배신자에 대한 복수를 다짐했습니다. 하지만 이듬해 나라가 망하고 누군가 콕 찍어 보낸 것이 분명한 칼을 찬 순사들이 집 앞을 계속해서 서성거리면서부터는 그나마 내색도 할 수 없었습니다.

결국 몇 년 지나지 않아 큰 형님부터 차례로 만주 어딘가에 있다는 조선인 마을과 학교를 찾아 떠나고 어머니마저 화병으로 세상을 뜨자 지호도 현우를 빼고는 더 이상 외가 마을에 머물 이유가 없어졌습니다.

아침에 일어나는 몸이 달라지고 코밑이 거무스레해질 무렵부터 마음을 키워 온 현우. 어머니 몸종의 딸로 신분 차이가 여전하던 집안에서는 변변히 말 한 번 섞을 수 없었던 현우. 지루하고 답답하기만 한 시간을 거쳐 어렵게 어렵게 거리를 좁혀 온 현우. 그러나 이제야 세상이 바뀌어 겨우 마음을 얻은 현우까지 데리고 먼 나라로 떠나기에는 그녀가 치러야 하는 셈이 너무 크다는 걸 지호는 잘 알고 있었습니다.

지호는 현우가 준 손수건 반쪽을 들고 추풍령을 넘을 수밖에 없었습니다. 그 후 갖은 고생을 하면서 여기에까지 와 있게 되었습니다. 생각해 보면 참으로 기적 같은 일이었습니다. 몇 번이나 죽을 고비를 넘기며 이제 아버지의 뜻대로 독립운동의 한복판에 들어와 있다는 것이 믿기지 않았습니다.

지호는 천천히 다음 장을 넘겼습니다.

강도 일본이 헌병 정치·경찰 정치를 숨도 못 쉴 정도로 하니 우리 민족이 조그마한 행동도 마음대로 못 하고, 언론·출판·결사·집회 등 어느 하나도 자유가 없어, 그 분함과 원한이 고통이 되면 벙어리의 가슴이나 만질 뿐이요, 행복과 자유의 세계에는 눈뜬장님이 될 뿐이다. (……) 그렇지 않을지라도 발명·창작의 본능은 곤란한 생활로 끊어지며, 진취·활발의 기상은 가혹한 압박으로 사라져 '찍도 쩍도' 못 하도록 갖은 방법을 다해 가두고 때리고 괴롭히고 억눌러 왔다. 이렇게 해서 결국 바다를 둘러싼 우리 땅 삼천리가 하나의 큰 감옥이 되어, 우리 민족은 아주 인간으로서의 판단과 깨달음을 잃을 뿐 아니라, 본능까지 잃어버려 노예 아니면 기계가 되어 강도 손안의 사용품이 되고 말 뿐이다.

지리산에서 돌아가셨다는 풍문만 듣고 어머니와 함께 찾아간 일본군 주둔지에서 발견한 아버지의 시신은 참으로 눈 뜨고 볼 수 없을 만큼 참혹했습니다. 수많은 조선인의 시체가 층을 이루고 쌓여 있는 곳에서 긴 칼을 찬 일본군 장교는 찾을 수 있으면 한번 찾아서 꺼내 가라 했습니다.

'꺼내 가라니…….'

짐승만도 못한 놈들이 아버지를 짐승 대하듯 물건 다루듯 이죽 거리는 모습을 보면서 열 살도 되지 않은 지호는 처음으로 일본이라는 나라와 그 군대가 어떤 의미인지 깊게 알게 되었습니다. 그때의 통곡으로 살아갈 힘을 얻을 수 있었습니다.

강도 일본이 우리의 생명을 한낱 풀뿌리로 보아 1905년 을사늑약 이후 13도의 의병이 봉기하던 각 지방에서 일본 군대가 행한 폭행도 이루 다 적을 수 없거니와, 즉 최근 3·1 운동 이후 수원·선천 등의 국내 각지부터 북간도·서간도·러시아 땅 연해주 각 지역까지 여러 지역에 살고 있는 사람들을 짐승 죽이듯 무참히 살해한다, 마을을 불태운다, 재산을 약탈한다, 부녀자를 더럽힌다, 목을 끊는다, 산 채로 묻는다, 불에 사른다, 혹 몸을 두 동가리·세 동가리로 내어 죽인다, 어린아이를 악형한다, 부녀의 생식기를 파괴한다 하여 할 수 있는 데까지 참혹한 수단을 써서 공포와 전율로 우리 민족을 압박하여 인간의 '산 송장'을 만들려 하고 있다.

이상의 사실에 의거하여 우리는 일본 강도 정치 곧 다른 민족의 통치가 우리 조선 민족 생존의 적임을 선언하는 동시에, 우리는 혁명 수단으로 우리 생존의 적인 강도 일본을 죽여 정벌함이 곧 우리의 정당한 수단임을 선언하노라.

자신이 왜 싸우려 하는지 길을 밝혀 주는 글이었습니다. 의열단이 왜 존재해야 하는지 알려 주는 글이었습니다. 아버지의 이야기였습니다. 어머니의 이야기였습니다. 두 형님의 이야기였습니다. 현우의 이야기였습니다. 한국에 살고 있는 모든 이에 대한 이야기였습니다. 그리고 무엇보다 지호 자신의 이야기였습니다. 그래서 지호가 그동안 하고 싶은 이야기였습니다. 동지에게, 동포에게 들려주고 싶은 이야기였습니다. 자신을 걱정하고 있을 현우를 가까이 앉혀 읽어 주고 싶은 이야기였습니다. 그리고 무엇보다 그 배신자 놈의 얼굴 앞에 들이대고 싶은 이야기였습니다.

지호는 6,400여 자의 그 글을 밤새 읽고 또 읽었습니다.

[1] 우리나라 재래종 면화에서 실을 뽑아 옛 베틀로 씨와 날을 한 올씩 엇바꾸어 짠 천.

[2] 유자명의 호.

[3] 제1차 세계 대전이 끝난 직후인 1920년, 연합국을 중심으로 국제 평화와 안전 유지를 목적으로 만든 기구. 1946년 해체된 후 그 목적을 이어받은 국제 연합(United Nations, UN)으로 재탄생했다.

[4] 1909년 2월, 미국 하와이와 샌프란시스코의 한국인들이 모여 만든 독립운동 단체.

[5] 김원봉의 호.

[6] 바른 것을 지키고 사악한 것을 척결하자는 뜻으로, 바른 것은 성리학이고 사악한 것은 천주교를 비롯한 서양 문물을 말한다. 조선 시대 말 서양 세력의 침략에 맞서 우리나라 유학자들이 주장한 내용이기도 하다.

2
—

황옥 경부

사나운 꿈이었습니다. 밤나무 큰 가지 끝에 아슬아슬하게 선 현우는 노래인지 휘파람인지 알 수 없는 소리를 내고 있었습니다. "위험해! 어서 내려와!" 하는 소리는 목에 걸려 빠져나오지 못하고 있었습니다. 답답함에 아무리 발버둥을 쳐 봐도 다리는 움직이지 않았습니다. 현우는 여전히 맑게 웃으며 하늘에 눈을 두고 있었습니다. 그러더니 천천히 나무 아래로 눈을 돌리곤 말릴 사이도 없이 몸을 던졌습니다. 그러나 현우의 몸은 낙엽처럼 눈처럼 좌우로 흔들리면서 천천히 내려왔습니다. 날듯이, 헤엄치듯이 아무런 두려움도 보이지 않고 밑에서 자신을 기다리는 누군가에게 다가가듯 눈을 한곳에 두고 내려왔습니다. 그곳에, 그 나무 밑에 지호가 있었습니다. 두 팔을 벌리고 한껏 웃으며 현우를 기다리고 있었습니다.

무원은 참을 수 없었습니다. 현우로부터 지호를 밀쳐내기 위해 있는 힘을 다해 다리를 움직였습니다. 그때 참을 수 없는 통증이 다리에서 허리를 지나 온몸을 묶었습니다. 이제는 망해 버린 나라를 위해 독립운동을 한다는 어리석기 짝이 없는 놈들에게 본때를 보여 주기 위해 가끔 쓰던 전기선이 자신의 몸에 닿는 듯한 고통에 무원은 비명을 지르며 일어났습니다.

"어허 이 사람, 그놈은 벌써 죽었네. 그런데 꿈에서도 그놈을 쫓고 있는 겐가? 대단하군그래."

"경부[기]님……."

주위를 둘러보니 병원이었습니다. 창밖에는 휑하니 가지만 남은 나무들이 바람에 비틀거리고 있었습니다. 침대 옆에 서서 칭찬인지 비아냥인지 알 수 없는 묘한 웃음을 흘리고 있는 사내를 무원은 멍하니 바라보았습니다. 황옥 경부였습니다.

"그나마 다행인 줄 알아. 총알이 스치긴 했지만 금방 치료를 했으니 상처가 덧나지는 않을 거야. 정신을 잃은 건 흘린 피 때문이니 잘 먹고 쉬면 곧 기운을 차릴 걸세."

"그럼 제 옆에서 같이 범인을 쫓던 서대문 경찰서의 구리다 경부님은 어찌 되셨습니까?"

"자네가 쓰러진 사이에 총에 맞았네."

"돌아가셨다는 말씀입니까?"

"어쩔 수 없지. 자네라도 살았으니 다행이네. 의사 말을 듣자 하니 한 닷새 있으면 걸을 수 있다는군. 그나저나 어서 몸을 추스르게. 곧 나와 마루야마 경무국장님을 뵈러 가야 할 테니."

황옥 경부

"그런데 그놈은 도대체 누구였습니까? 저도 여러 해 총을 다루고 칼을 만져 왔지만 그렇게 빠르고 정확하게 총을 쏘는 놈은 처음이었습니다."

"이름이 김상옥이라더군. 총알이 떨어지자 마지막 한 발로 스스로를 쐈어. 아직 조사가 끝나지 않았지만 내가 여러 번 얘기했듯이 의열단에서 보낸 인물인 건 확실해."

"네, 역시…… 경부님 생각대로였군요."

황옥은 장갑에 목도리까지 두르고도 센 바람에 밖에 나서기가 꺼림칙했던지 모자까지 깊게 눌러 쓰며 한마디를 보냈습니다.

"이제 우리가 제대로 된 일을 할 때가 오는 것 같네. 슬슬 마음의 준비를 해 두는 게 좋을 거야."

황옥이 나가자 무원은 엊그제 일이 떠올랐습니다. 참으로 지독한 놈이었습니다. 분명히 총에 맞았는데도 끝까지 도망을 멈추지 않았습니다. 오히려 지붕을 넘나들며 우리 쪽을 향해 정확히 총을 쏘고 있었습니다. 하늘에서 쏟아지는 총알은 가릴 우산이 없었습니다. 하나둘 쓰러지는 경찰들을 뒤로하고 겨우겨우 곧 잡을 듯 포위를 좁혀 가면 어느새 다른 곳에서 총알이 날아오곤 했습니다. 오히려 자신들이 포위를 당한 채 여럿의 적에게 공격받는 느낌이었습니다. 경성(서울의 옛 이름)의 온 경찰을 동원해 그 수가 천에 이르는데도 쓰러지는 것은 자기편 경찰들뿐이었습니다. 양손에 총을 쥐고 서둘러 골목이나 지붕으로 몸을 감추기 직전 잠깐 돌아보고 쏘는 총은 한 번도 빗나가지 않았습니다. 그러곤 놈은 쓰러뜨린 적과 반드시 눈을 마주치고 돌아섰습니다. 고통에 신음하는 자가 그 고통을 준 자의 무표정한 눈빛을 받는다는 것은 찔린 곳을 또 찔리는 것과 같은 일이었습니다. 마지막 일어날 힘을 빼앗는 것이었습니다.

무원은 골목을 따라 쫓아 들어간 것이 어쩌면 실수였다는 생각도 들었습니다. 한겨울에 내린 비로 길이 얼어서 줄을 맞춰 들어가다가 한 명이라도 삐끗하면 여러 명이 우당탕거리기 일쑤였습니다. 더구나 좁은 골목길을 마주하고 벌이는 싸움은 우리 편 숫자가 많더라도 유리한 점이 별로 없었습니다. 아니 오히려 표적을 넓혀 주어 우리 쪽 손해만 크게 할 뿐이었습니다.

'내 생각이 맞았어. 무작정 뛰어드는 게 아니었어. 그 정도 인원을 동원했으면 넓게 포위하고 천천히 목을 조여 갔어도 시간은 충분히 우리 편이었는데…….'

김상옥이 종로에 붙은 효제동의 은신처에 숨어 있다는 것을 알게 되었을 때 무원이 제일 놀란 것은, 어떻게 처음 발각된 용산에서 종로 경찰서 근처까지 다시 올 수 있었을까 하는 점이었습니다. 남대문을 비롯한 종로 거리에는 지나다니는 사람보다 경찰이 더 많을 정도로 깔려 검문을 했는데, 그곳을 뚫고 돌아왔으리라고는 생각할 수 없었습니다. 그렇다면 남산을 넘었다는 건데, 이 겨울에 하룻밤 사이

산을 넘어 도주했다는 것은 보통 사람이라면 불가능한 이야기였습니다. 이런 생각은 김상옥의 첫 번째 은신처였던 용산 삼판동으로 출동할 때부터 무원을 붙잡고 있었습니다.

'절대 가벼이 볼 놈이 아니다. 병력을 최대한 동원하고 총과 실탄도 충분히 가지고 가야 해.'

그러나 상관인 황옥의 생각은 달랐습니다.

"여우 굴에 여우 잡으러 가면서 큰 소리 내는 사람 봤나? 소리 내지 않고 쓸 만한 몇 명만 데리고 가면 충분히 될 일이야."

"그렇지만 제게 정보를 알려 준 동대문서 조용수의 말에 따르면 그 집에 폭탄도 있는 듯합니다. 폭탄을 던지고 튀면 잡을 방법이 없습니다."

"어허 참, 그러니까 적은 수를 데리고 가야 하는 거야. 많은 수를 데리고 가면 더 많은 인원이 피해를 입게 되잖나?"

짜증 섞인 황옥의 말에 더는 대꾸할 수 없었지만, 막상 용산의 은신처를 급습했을 때 무원의 말이 옳았다는 것은 어렵지 않게 증명되었습니다. 데리고 간 14명은 단단히 무장한 최정예 순사였지만 워낙에 신출귀몰하는 김상옥의 공격에는 손을 쓸 수 없었습니다. 그 와중에 종로 경찰서가 자랑하는 유도 사범 다무라도 총에 맞아 그 자리에서 목숨을 잃었습니다. 힘에서 누구에게도 지지 않아 한번 손에 잡은 상대는 달에다 꽂아 버린다는 다무라의 무시무시한 힘도 빠르고 정확하게 날아오는 총알에는 속수무책이었습니다. 그 밖에 중상을 입은 경우도 여럿이었습니다.

무원은 그림자도 없이 사라진 김상옥 뒤에 남은 핏자국들을 바라보며 처음으로 공포를 느꼈습니다.

'내가 죽을 수도 있었다. 공을 세우겠다고 다무라가 나를 밀치고 은신처에 들어가는 것을 막고 내가 먼저 발걸음을 떼었다면, 다무라 머리에 박힌 총알은 내 것이 될 수도 있었어.'

죽음은 공포였습니다. 고향의 온갖 수군거림과 비웃음을 무릅쓰고 자신에게 기대를 걸고 있는 아버지에 대한 불효라는 생각보다, 이제 눈앞에 보이는 화려한 복수의 날들을 접어야 한다는 절망보다 현우와의 모든 미래가 무너진다는 점에서 공포였습니다. 이 공포는 이제 효제동의 은신처를 공격할 때 무원을 은근히 뒤처지게 했습니다. 김상옥이 흙담을 뛰어넘어 들어간 집에서 나는 비명이 바로 옆에서 들려도 무원은 못 들은 척 지나쳤고, 다른 경찰이 뛰어들어 갈 때까지 길을 찾는 척 미적거리기도 했습니다.

'내가 살아야지. 나부터 살아야지. 살아야 원하는 것을 누리지.'

김상옥을 쫓는 과정에서 내내 든 생각이었습니다. 마침 어디선가 날아온 총알이 허벅지를 깊게 스치자 오히려 잘됐다는 생각이 들 정도였습니다. 꽤 흐르는 피를 막을 생각도 하지 않았습니다. 이 많은 경찰 중에서 자신이 쓰러진 걸 발견하는 놈 하나쯤은 있으리라는 점도 무원을 안심하게 했습니다. 아직 날이 밝지 않아 자신의 피를 남들에게 보여 줄 수 없다는 점을 안타까워하면서 무원은 서서히 정신을 잃어 갔습니다.

유리창 밖으로는 여전히 흔들리는 나무들이 점점 어둠 속으로 몸을 감추고 있었습니다. 무원은 마음이 조금씩 가라앉는 느낌이 들었습니다. 참으로 오랜만에 혼자 있는 시간에, 자리를 잡지 못하고 불안하게 떠도는 바람 소리는 무원에게 여러 생각을 하게 했습니다. 바람을 거스르며 부려져 간 여러 인간들과 그 바람을 타고 산을 넘을 것 같던 자신이 살아온 길이 지금 한창 단성사에서 사람들의 눈을 빼앗고 있는 영화처럼 지나쳐 갔습니다.

자신이 태어나기도 전에 없어졌다던 신분 제도는 말뿐이었을 뿐 여전히 자신과 가족들을 옥죄고 있었습니다. 아버지는 안동 김씨의 서얼이었습니다. 아버지는 술에 취하면 할아버지의 위세와 재산을 자랑하듯 말하곤 했지만 할머니 얘기가 나오면 입을 열지 않았습니다. 어차피 무원에게는 한 번도 본 적 없는 먼 나라 사람들 같은 얘기였지만, 아버지 자신에게는 얼마나 허무하고 뼈아픈 것인지 느낄 수 있었습니다.

아버지는 분노를 집에서 기르는 짐승들에게 풀었습니다. 특히 개에게는 더욱 모진 매질이 가해졌습니다. 어쩌다 한 번 짖기라도 하거나 이빨을 보일라치면 길게 매질했고 꼬리를 감추며 오줌을 질질

쌀 때까지, 아니 더는 움직임이 없을 때까지 때리고 집어 던지기를 멈추지 않았습니다. 아주 오래된 버릇이었습니다. 술을 마시면 더할 뿐이었습니다.

아버지는 어릴 적부터 머리가 비상하고 판단이 빨랐다고 했습니다. 그래서 더욱 좌절했을 거라 짐작했습니다. 별이 보인다고 잡을 수는 없었습니다. 잡을 수 없는 것을 잡을 수 있다고 생각하는 괴로움 속에서 아버지는 커 나갔습니다. 서얼 신분으로는 관직에 나갈 수 없어 시작한 의원 일도 그 괴로움의 힘으로 남들은 십 년이 걸릴 것을 삼 년도 되지 않아 숙달했다고 했습니다.

아버지는 집요하고 의심이 많았습니다. 어릴 적 할아버지는 첫째 할머니의 등쌀에 할머니를 상주에 옮겨 놓고 어쩌다 가끔 들리곤 했는데, 아버지를 가리켜 "경박재자(輕薄才子)[8]로구나" 하며 혀를 끌끌 찼다고 했습니다. 할아버지가 다녀가면 개들은 여지없이 곤욕을 치렀지만, 그런 아버지의 마음 생김은 의원을 하는 데는 도움이 되었습니다. 온갖 약재의 효능과 독성을 정확히 알 때까지 몇 번이나 개들에게 먹이며 실험했고, 그렇게 알게 된 자신만의 비법으로 한번 환자를 맡으면 반드시 걷고 뛸 수 있게 했습니다.

주변 마을에 용하다는 소문이 퍼지고 상주에 모르는 사람이 없을 정도가 되면서 집 앞에 사람이 넘쳐 났고 재산은 불어났습니다. 병을 달고 살던 지호의 아버지 이 진사와는 그렇게 인연이 닿았습니다. 계절이 바뀔 즈음이면 몇 날 며칠을 기침에 시달리는 이 진사에게 아버지는 없어선 안 될 사람이었습니다. 함부로 할 수도 없는 사람이었습니다.

그러나 아버지는 이상하게도 지호의 아버지를 만나면 어김없이 고개를 조아리며 깍듯하게 존대를 붙였습니다. 더욱이 무원 앞에서는 보란 듯이 더욱 굴욕적으로 고개를 숙였습니다. 이 진사는 긴 세월 자신을 돌봐 주었고 세상 또한 바뀌었다며 벗 삼아 같이 말을 내리자 하였으나 아버지는 끝내 말을 고치지 않았습니다. 그러던 아버지는 이 진사가 헛된 일에 사람들을 모으고 무기를 마련하고 글을 써서 돌리고 하면서 분주해지자 갑자기 먼 곳으로 바깥바람을 하기 시작했습니다. 밤을 이용해 급히 어딘가 다녀온 아버지는 잠든 무원의 머리맡에서 참을 수 없는 웃음을, 그것도 한 번도 본 적 없는 웃음을 흘리며 이야기하곤 했습니다.

"머지않았다. 무원아, 너는 나랑은 다른 세상에서 살게 될 거다. 양반 놈들이 다 해먹는 이 지겨운 세상과는 다른 세상에서 너는 살게 될 거다. 그래야지, 암 그래야지. 흐흐흐."

아버지의 말대로 사람들을 모아 길을 떠난 이 진사는 얼마 안 있어 목숨을 잃었고 또 얼마 되지 않아 세상은 변했습니다. 그때야 아버지는 기지개를 켜듯 자세를 곧추세우며 지호네에게 말을 놓기 시작했습니다. 그와 더불어 무원도 새로운 세상이 열리기 시작했음을 알게 되었습니다. 어찌 보면 자신보다 낮은 신분이었던 현우가 주제에 맞지 않게 지호와 마음을 나눈다는 사실도 이 새로운 나라에서는 뒤집어질 수도 있다는 희망이 생겼습니다. 처음부터 다시 시작할 수 있다는 희망, 이제는 지호를 누르고 현우에게 더 많은 것을 줄 수 있다는 희망, 새로운 세상에서 현우와 함께할 수 있다는 희망이 무원을 밀어붙이기 시작했습니다.

무원의 고향과도 가까운 밀양, 진영으로 폭탄을 들여오던 의열단원 곽재기, 김병완 등을 경기도 경찰부에서 잡을 수 있었던 것은 순전히 무원의 공이었습니다. 경성에 올라와 전문학교에 다니면서 기회를 엿보던 무원에게 고향에서 전해진 소식은 생각보다 훨씬 빨리 그의 꿈을 이루게 해 주었습니다.

일찍이 조선에서 몇 사람 못 들어간다는 중추원[9]에도 발을 담근 아버지는 열성을 다한 추천서와 뇌물에도 무원이 그토록 몸담고 싶어 하는 조선 총독부[10]는커녕 경찰부 끄트머리 한 자리도 차지하지 못하자 전전긍긍하던 참이었습니다. 그러던 중에 보약을 대 주던 지역 경찰서장으로부터 수상한 움직임이 있다는 귀띔을 받고는 당장 무원에게 연락을 보냈습니다. 무원은 경기도 경찰부에 자세한 내막을 알렸고, 무원이 물어다 준 정보에 경상북도 경찰부를 제치고 12명이나 되는 의열단원을 체포했습니다. 총독으로부터 큰 상을 받은 경기도 경찰부는 며칠이나 술판을 벌이며 흥청거렸습니다. 무원은 그

자리에 빠짐없이 불려갔고 곧 고등 경찰이 되었습니다.

그러나 그 이후로도 의열단의 활동은 멈추지 않았습니다. 대담하게 부산 경찰서에 들어가 폭탄을 터트려 하시모토 경찰서장의 목숨을 앗아가고는 왜놈 관리들에게 목숨을 맡길 수는 없다며 스스로 굶어 세상을 버린 박재혁, 밀양 경찰서에 폭탄을 던지고 단도로 제 목을 찌른 후 체포되어 21살의 나이로 사형당한 최수봉, 그다음 해에 총독부 건물 안으로까지 들어가 폭탄을 던지고 경성을 빠져나가 또다시 상하이에서 일본 육군 대장을 암살하려 했던 김익상, 그리고 이번에는 경성 한복판의 종로 경찰서에까지 폭탄을 던지고 시가전을 벌인 김상옥이란 인물까지. 무원으로서는 도저히 이해할 수 없었습니다.

'도대체 조선이 해 준 것이 뭐가 있다고…… 밑에 사람 사는 것은 거들떠보지도 않고 양반, 상놈 나눠 가며 거들먹거리기만 하던 나라는 진작 망해야 했어. 일본을 보라고. 우리를 그렇게 업신여기던 중국 놈들도 단숨에 꺾고 러시아까지 무릎 꿇게 한 나라야. 우리도 그렇게 돼야 해. 일본을 배우고, 일본을 따라 하고, 일본이 하는 것이라면 무엇이든 같이해야 우리도 어깨 펴고 살 수 있는 거야.'

조심스럽게 덜거덕거리는 유리창은 무원 앞에서 고개도 들지 못하고 말도 가려서 하는 조선의 비루한 것들을 떠올리게 했습니다.

'바람은 밖에서만 불 뿐이야. 안으로 들이닥칠 수 없어. 하지만 유리가 깨질 정도로 바람이 세진다면 먼저 유리창 앞에 서 있는 나무를 베어야겠지. 이제 나무를 베어 버릴 때가 왔어.'

* * *

날은 풀렸지만 여전히 무원에게는 만만치 않은 날씨였습니다. 걸을 때는 큰 무리가 없었지만 뛰기에는 아직 무리였습니다. 평소 들어갈 일이 없었던 총독부 건물을 빠져나오면서 앞서 걷던 황옥이 뒤돌아보았습니다.

　"어디 따뜻한 다방에라도 들어가서 커피나 한잔하지. 아니면 따뜻한 술을 한잔하든가."

　무원에게 황옥과 이야기를 나누는 것은 늘 피하고 싶은 일이었습니다. 일본인이 없을 때면 일부러 조선말로 친근하게 말을 건네 왔지만 눈빛은 자기의 머리를 꿰뚫고 있다는 느낌을 지울 수가 없었습니다. 더구나 이번에 길게 이야기를 나누면 지난번 김상옥을 체포하기 위해 헤매던 현장에서 자신이 은근히 뒤로 빠졌던 일을 들킬 것만 같았습니다. 그렇지만 총독부에까지 들어가 경무국장에게 엄청난 지시를 받고 나오는 자리에서 무작정 그의 말을 거절할 수도 없었습니다.

　"다리의 상처가 생각보다 꽤 오래가는군."

"……."

"그래 자네 생각은 어떤가?"

마루야마 국장의 지시는 사실 무원을 향한 것은 아니었습니다. 따라 들어온 무원을 내보내려다 황옥이 자신에게 꼭 필요한 믿을 만한 사람이라고 하자 무원 쪽으로는 눈길 한 번 주지 않고 황옥에게만 건넨 이야기였습니다. 가까이에서 지낸 지 2년여, 황옥을 어느 정도는 알고 있다고 생각했던 무원에게도 그 이야기는 놀라운 것이었습니다.

"제 생각이 뭐 중요하겠습니까? 전 천황 폐하를 위해 그저 시키시는 대로……."

"어허 이 사람, 입에 발린 말은 그만두게. 목숨이 걸린 일이야. 물론 목숨을 아끼는 일에 자네 만한 사람도 없네만 말이지. 허허허."

무원은 막 밥을 지은 가마솥 뚜껑을 열고 얼굴을 들이미는 듯 순간 얼굴이 확 뜨거워졌습니다. 그래서 섣부른 대꾸보다 못 들은 척하기로 했습니다.

"저 말고 가는 사람은 더 없습니까?"

황옥은 알 수 없는 사람이었습니다. 어느 때는 누구보다 충실한 천황 폐하의 신민인 듯싶기도 했고, 어느 때는 자기 앞가림에만 열심인 사람 같기도 했습니다. 조선인을 다룰 때는 누구보다 혹독하면서도 독립운동을 한다는 자들의 속사정을 꿰고 있는 게 그들과 한패가 아니면 알 수 없는 이야기들을 무심히 하기도 했습니다. 공산주의 이론에 밝아 붙잡혀 온 놈들을 오히려 가르치기도 했고, 일본 역사에 밝아 천황들의 족보를 줄줄이 외기도 했습니다. 이번 김상옥의 일도 마찬가지였습니다. 종로 경찰서에 폭탄이 터지자마자 의열단의 소행임을 제일 먼저 주장한 것도 그였습니다.

"우리 종로서에까지 폭탄을 던질 수 있는 놈들, 그것도 이 조선 반도 내에서 만들 수 없는 이렇게 성능 좋은 폭탄을 가지고 있는 놈들은 의열단밖에 없습니다. 들려오는 정보로는 의열단에서 상하이에 헝가리 기술자까지 불러 폭탄을 만들고 있다 합니다."

그러면서도 그는 이번에 목숨을 잃은 구리다 경부나 유도 사범이었던 다무라 형사 부장의 죽음에 대해서는 그리 슬퍼하는 기색이 없었습니다. 막상 총격전이 한창일 때 그는 눈에 띄지도 않았습니다.

"이번 일을 아는 사람은 이 조선 땅에서 다섯 손가락으로 셀 수 있을 정도야. 누구를 더 데려가겠나? 호랑이를 잡으려면 호랑이 굴로 들어가라 했으니 국장님 말씀대로 저놈들을 잡으려면 베이징으로 가는 수밖에 없지. 더구나 이번에는 저쪽에서 먼저 접근해 왔으니 이보다 좋은 기회가 또 어디 있겠나?"

"그래서 말인데요. 그 중국에서 건너왔다는 김시현이란 자는 써먹을 만한 겁니까? 그냥 지금 바로 잡아서 족치는 게 더 낫지 않을까요?"

"어허 이 사람. 내가 몸이 아프다는 핑계로 병가원까지 제출하고 나온 마당에 무슨 소리 하는 거야? 이건 자네한테도 아주 좋은 기회라고. 조선인이 총독부에서 자리 차지하는 게 쉬운 일인지 알아? 그동안 아등바등하던 걸 생각해서 기껏 추천해 줬더니. 쯧쯧. 하여튼 자네는 여러 소리 하지 말고 내가 압록강을 건너 저들과 만날 때까지, 그리고 무사히 돌아올 때까지 내 주변에서 멀찍이 떨어져서 나를 지켜 주기만 하면 되는 거라고. 알아들어?"

무원은 내키지 않았습니다. 끝없이 폭탄을 들여와 말썽을 일으키는 의열단이니 어차피 또 다른 공격을 준비할 것이고 그걸 기다릴 바에는 중국까지 가서 적극적으로 끌어들여 한 번에 잡으라는 경무국장의 지시는, 돌이켜 보니 황옥이 병실에서 흘린 이야기와 같았습니다. 무원은 먼저 그것이 속을 알 수 없는 황옥의 계획이라는 점, 더구나 황옥과 같이해야 하는 일이라는 점이 맘에 들지 않았습니다. 두 번째는 아는 사람도 없고 지리도 낯설기만 한 남의 땅에까지 간다는 것이 너무 위험해 보여 나서기가 꺼려졌습니다.

무원이 망설이는 기색이 역력해지자 황옥은 더 큰 비밀이라도 이야기하듯 탁자를 넘어 몸을 건네 왔습니다.

"그런데 내가 그 김시현이란 자에게 들은 바로는 말이야. 자네 고향 친구도 그놈들과 같이 중국에 있다던데? 아니지, 아니지. 정확하게 말하자면 지금은 신채호를 따라 상하이에 있고. 이름이 뭐라더라? 이지호였지, 아마?"

지호의 이름이 황옥의 입에서 나오는 순간, 무원은 정신이 확 들었습니다. 자신에게 가장 중요한 것을 가져가 버린 놈. 언제나 우쭐거리며 자신을 낮추어 보던 놈. 무원은 주위의 조선인들이 보내는 차가운 눈초리를 견디며 지금까지 개처럼 일본인 밑에 있는 것도 어쩌면 지호를 잡기 위해서였는지도 모른다는 생각이 들었습니다. 지호를 잡아 발 앞에 꿇리고 그동안의 설움을 한껏 갚아 준 후 마침내 목숨을 빼앗아 영원히 이 땅에서 마주칠 일이 없도록 하는 것. 그 일을 마쳐야 무원은 비로소 세상을 새롭게 시작할 것 같다는 생각이 들었습니다. 망설일 이유가 없었습니다. 밤낮없이 총을 만지고, 칼을 던져 보고, 일본의 유도까지 익혀 최대한 고통을 느끼도록 관절을 꺾는 방법을 배워 온 것은 모두 그날의 싸움을 위해서였습니다. 의열단이 날뛰는 순간에 목숨을 아끼고자 했던 것도 어쩌면 양반 아래 중인인 의원 집 자식으로 자신을 기억하고 있는 지호를 없애, 어두운 과거를 지울 때를 기다리고자 한 것이었습니다.

"가야지요. 꼭 가겠습니다."

황옥은 그럴 줄 알았다는 듯 피식 웃었습니다.

"아주 친한 사이였던 모양이지? 흐흐. 어쨌든 고맙네. 그리고 미리 말해 두겠네만 이거 하나는 절대 잊지 말게. 지금부터는 말이야, 내가 옷의 제일 위 단추를 잡으면 내 주변에 누가 있든 당장 쏴 버리라고. 그게 누구든 어떤 상황이든 말이야. 알겠지?"

　저 웃음이 안도하는 웃음인지 자신을 비웃는 웃음인지 무원은
알 수 없었습니다. 다만 지호와의 만남이 머지않았다는 생각은 확실
해졌습니다. 건성으로 대답하는 자신을 못마땅하게 쳐다보는 황옥의
시선을 무시하고 무원은 자기 앞에 놓인 식어 버린 커피를 한 번에
꿀꺽 마셨습니다. 마실 때마다 이마가 찌푸려지던 쓴 맛을 지금은 느
낄 수 없었습니다.

[7] 일제 강점기에 총독이 마음대로 임명하거나 파면할 수 있었던 경찰 하위 간부 계급 중의 하나.

[8] 재주는 있으나 덕이 없고 행동이 가벼운 사람.

[9] 주로 친일파 한국인으로 이루어진 일제 강점기 총독의 자문 기관.

[10] 일제 강점기에 우리나라를 지배했던 일본의 최고 통치 기관.

3

조선 총독부
소속 관리에게

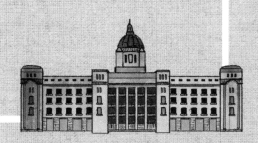

"형님도 알고 계셨습니까? 〈조선 혁명 선언〉을 완성하던 그 날 이미 알고 계셨던 겁니까? 몸에 총을 열한 발이나 맞았다 합니다."

"장렬한 죽음이었네. 하지만 자네에게는 말할 수 없었어. 계획을 들었다면 자네는 나나 단재 선생님을 놔두고 바로 경성으로 가려고 했을 테니까. 그러나 동지의 죽음을 슬퍼만 할 수는 없지 않겠나."

"그럼 다른 방법이라도 있다는 말입니까?"

"같은 방법이지. 하지만 더 큰 힘을 보여 줄 걸세. 더더욱 많은 폭탄 말이네. 곧 있으면 3·1 운동이 일어난 지 4년이 되지 않나. 그때를 기해 우리 땅 곳곳에서 일본 놈들을 몰아내는 폭탄 소리가 크게 울려 퍼지게 할 걸세. 경성은 불바다가 될 테지. 그러기 위해 마침 조국에서 우리를 도우려 일본 경찰로 위장하고 있는 동지가 곧 도착할 거네."

"일본 놈들의 경찰 노릇을 하는 자라고요? 그런 놈이 동지라고요? 아니 지금 다들 제정신입니까? 이미 왜놈의 밥을 먹고 있는 그자를 어떻게 믿는다는 말입니까?"

"이름은 황옥이라더군. 일단은 만나 볼 걸세. 한참이나 접촉하고 설득했다는 김시현 동지는 그자가 믿을 만하다 하니까 우리도 지켜봐야겠지. 약산도 한 번에 우리 동지라 생각하지는 않을 테고 저간의 사정을 알 테니 눈여겨보겠지. 만약 그자가 일본 놈들 밀정[11]이라도 우리는 그자를 역이용해 우리 목적을 이루기만 하면 되네."

"그럼 그자를 만나는 자리에 저도 데려가 주십시오. 저도 뭔가 짚이는 게 있습니다."

"자네는 계속 단재 선생님을 지켜야 하네. 우리로서는 적을 없애는 일 만큼 우리 편을 지키는 것도 아주 중요해. 더구나 선생은 작년에 둘째까지 임신한 부인을 첫째 아이와 함께 어쩔 수 없이 한국으로 돌려보내신 데다가 이번에 국민대표회의가 뜻대로 되지 않으면서 충격이 크신 모양이야."

지호는 답답했습니다. 유자명의 말을 이해하지 못하는 것은 아니지만, 자신이 몸담은 조직이 위험에 처했다는 것은 본능적으로 느낄 수 있었습니다. 그렇다고 단재 선생을 홀로 두고 떠날 수도 없는 일이었습니다.

"내 걱정은 말고 다녀오게. 난 이곳에 남아서 해야 할 일이 있네. 내가 지금 내 일을 해야 하는 것처럼 자네도 당장 자네의 일을 해야 할 때가 있는 걸세. 중요한 일보다 급한 일을 먼저 처리해야 할 때도 있는 법이지."

지호가 한입 가득 밥을 문 듯 할 말을 담은 얼굴로 몇 번이나 주위를 맴돌자 신채호 선생이 먼저 꺼낸 말이었습니다. 몇 가지도 안되는 짐을 싼 다음 날, 지호는 떠나기 전에 큰절을 올렸습니다.

"그리 오래 걸리지 않을 겁니다. 그러나 선생님, 만약 제가 소식이 늦어지면 선생님 책상 위에 놓아둔 주소로 연락을 주십시오. 선생님이 절 필요로 하실 때 꼭 다시 돌아오겠습니다."

그러나 오래 걸리는 길이었습니다. 오래 걸릴 길이었습니다. 지호가 유자명과 함께 그들을 만나기로 한 봉천에 다다르기까지만 꼬박 기차로 이틀이 필요한 거리였습니다.

"좋은 글이 나오기까지 단재 선생님 곁에서 자네가 많이 애썼네. 자명 형님께 왜 자네가 여기까지 오려 했는지는 들었지. 그래서 내 생각에는 말일세, 자네는 몸을 드러내지 말고 저들을 살펴보게. 여기가 아무리 프랑스 조계[12]라 해도 그게 만일을 위해서 좋을 것 같네."

지호를 반갑게 맞이한 김원봉의 말이었습니다.

"일단은 그렇게 하겠습니다. 다만 상황이 변하면 그때 판단은 제가 하겠습니다."

황옥을 만나기로 한 날, 멀리서 본 황옥의 주변엔 한 인물이 서성거리고 있었습니다. 신문으로 얼굴을 가리고 있다고는 해도 불안한 몸짓은 그가 그곳을 그냥 지나가는 사람이 아님을 알 수 있게 했습니다. 더구나 눈은 계속해서 황옥 쪽을 힐끔거리면서 재빨리 주변을 살피는 모습이 여러 해 동안 훈련받은 몸짓이라는 걸 지호는 금세 알 수 있었습니다. 그리고 그 인물이 자기가 그토록 이를 갈던 한때 고향 친구라는 것을 알아채는 데도 오래 걸리지 않았습니다.

무원.

지금 당장에라도 뛰쳐나가 심장에 총알을 박아 주고 싶은 마음이었습니다. 이번 일이 얼마나 중요한지 몰랐다면 그랬을 것입니다. 지호는 무원 외에도 다른 끄나풀이 더 붙었는지 한참을 지켜보았습니다. 무원 말고 황옥을 따라온 자는 더 없는 것 같았습니다.

'무원 한 놈만 데리고 여기까지 왔다는 건가? 겁이 없는 건지 생각이 없는 건지 모르겠군.'

지호는 몸을 숨겨 혼자인 무원을 바라보면서 몇 번이나 권총의 안전쇠를 풀었다 잠갔다를 반복했습니다.

"이야기는 잘 끝났네. 신의주 건너 안동 이륭양행에 있는 폭탄, 총, 선언문 등을 황옥이 국내로 옮겨 주기로 했네. 내일 정식으로 의열단에 가입하는 절차를 끝내고 나면 우리 단원이 되는 거지."

"아니 지금까지 제 얘기를 뭐로 들으신 겁니까? 그 황옥이란 자의 주변에 친일파 경찰 놈이 맴돌고 있었다고요. 분명 황옥을 보호하기 위해 총독부에서 보낸 한 패거리일 겁니다."

"잘못 본 것일 수도 있지 않나?"

"잘못 보다니요. 이름도 알려 드릴까요? 김무원. 저와 고향에서 같이 자라고 제 아버지를 죽음에 몰아넣은 친일파의 자식, 김무원이란 놈입니다."

"황옥은 아무것도 모르는 눈치였어. 총독부에서 황옥 몰래 감시를 붙인 모양이지. 하지만 자네 말이 설사 맞더라도 우리에겐 방법이 있네. 바로 자네지. 자네가 경성까지 같이 가 주면 좋겠네."

"알겠습니다. 그렇다면 저도 황옥의 입단식에 참석하게 해 주십시오."

황옥이 의열단에 가입하는 자리에는 꼭 필요한 몇 사람만 함께 했습니다. 다른 때와 달리 단원들에 대한 소개 없이 단장인 김원봉의 환영사를 시작으로 바로 의식을 시작했습니다. 지호는 어두운 방 한 구석에서 조용히 이를 지켜보고 있었습니다. 신입 단원의 맹세에 이어 황옥은 무원이 곁에 없는 상황에서도 태연하게 〈조선 혁명 선언〉을 읽어 나갔습니다.

민중은 우리 혁명의 대본영이다.
폭력은 우리 혁명의 유일한 무기이다.

지호는 자신이 가장 믿는 사람이 쓴 글이, 가장 믿을 수 없는 사람의 입에서 읽히는 것을 보고 있었습니다.

우리는 민중 속에 가서 민중과 손을 잡고 끊임없는 폭력, 암살, 파괴, 폭동으로써 강도 일본의 통치를 무너뜨리고, 우리 생활의 불합리한 모든 제도를 뜯어고쳐 인류가 같은 인류를 압박할 수 없게 하며, 한 사회가 다른 사회를 박탈할 수 없게 하는 이상적인 조선을 건설할지니라.

황옥은 무덤덤하게 읽기를 마친 후 선언문을 넷으로 접어 주머니에 넣고는 주위를 둘러보았습니다. 이제 다 끝난 것인지를 묻는 눈빛이었습니다. 김원봉도 황옥에게 한발 다가서며 마무리를 하려던 참이었습니다. 지호는 김원봉의 소매를 잡고 작은 종이 하나를 건네 주었습니다.

"이게 하나 빠졌습니다."

김원봉은 종이의 내용을 한번 훑어보더니 바로 황옥에게 그 종이를 넘겼습니다.

"이것도 우리의 정신을 담은 글이네. 선언문과 더불어 빠질 수 없지. 깊은 의지를 담아 읽어 주기 바라네."

황옥은 아무 말 없이 그 종이를 받아들더니 눈으로 잠깐 내용을 더듬었습니다. 그리고 어둠 속에 있는 지호를 한 번 힐끗 보곤 읽어 내려가기 시작했습니다.

조선 총독부 소속 관공리에게

조선 총독부 소속 관리 제군[13], 강도 일본의 총독부 정치하에 빌붙어 사는 관공리 제군, 제군은 제군의 선조로부터 자손에 이르기까지 움직일 수 없는 한국 민족의 한 구성원이 아닌가. 만약 한국 민족의 구성원이라고 하면 설령 먹고살기 위해, 부인과 자식을 위해 강도 일본의 노예와 같은 관공리 생애를 산다고 할지라도 강도 일본의 총독 정치가 우리 민족의 원수요 적임을 알 것이다. 따라서 우리들의 혁명 운동은 곧 강도 일본의 총독 정치를 파괴하고 한국 민족을 구하려고 하는 운동임을 알아야 한다. 이를 안다면 우리의 혁명 운동을 방해하지 않을 것을 믿는다. 그런데도 방해하는 자가 있다고 하면 우리는 이러한 무리들의 생명을 용서하지 않을 것이다.

－ 의열단

지호가 황옥에게, 아니 어딘가에서 황옥을 초조하게 기다리고 있을 무원에게 하고 싶은 말이었습니다. 모든 순서가 끝나고 황옥을 환영하는 식사 자리로 사람들이 떠난 후에도 지호는 그 자리에 남았습니다. 음식을 나누는 자리에까지 끼고 싶지는 않았습니다. 지호는 황옥이 고이 접어 주머니에 넣고 간 〈조선 혁명 선언〉과 달리 버려두고 떠난 조선 총독부 관리에게 보내는 경고문을 바닥에서 집어 들었습니다. 그리고 다시 한번 그 내용을 읽었습니다. 이걸 쓰던 신채호 선생의 피 끓는 얼굴을 떠올리며 지호는 생각했습니다.

'이 경고를 무시하지 마라. 황옥, 넌 내가 따라간다. 우리의 무기를 지키기 위해서라도, 아니 무원을 잡기 위해서라도 난 너를 놓치지 않을 거다.'

[11] 비밀리에 적에 침투해 사정을 살피거나 정보를 빼내는 간첩.

[12] 19세기 후반 영국, 프랑스 등 서양 국가나 일본이 중국을 침략하면서 만든 자신들의 집단 거주지. 이 지역의 경찰, 행정권은 모두 중국이 아닌 침략 국가가 가지고 있었다.

[13] '여러분'이란 뜻으로 주로 윗사람이 여러 아랫사람을 한 번에 부를 때 쓰는 말.

4

관음사

상하이에서 베이징으로 돌아온 신채호 선생은 한시도 앉아 있지 못했습니다. 아픈 다리에 몸이라도 어디에 기대어 볼라치면 마치 물 없이 고구마를 삼킨 듯 가슴이 답답해 숨을 쉴 수가 없었습니다. 깊은 한숨으로 돌아눕는 밤이 이어졌습니다. 이럴 수는 없다고, 수많은 사람의 죽음을 바탕으로 3·1 운동이 일어나고 그에 대한 반성과 결의로 만들어진 임시 정부가 이럴 수는 없다고, 이렇게 놔두어서는 안 된다고 생각했습니다.

'외교로 독립을 이룰 수 있다고? 미국, 영국, 프랑스 등이 그 말을 들어줄 것 같은가?'

남의 나라 공사관을 찾아다니며 만나 줄 것을 간청하고, 어렵게 만나 주는 그들의 입에서 매번 똑같은 거절을 들으며 독립을 부탁하는 것은 구걸과 다름없었습니다. 만약 그렇게 독립이 이루어진다고 해도 문제라고 생각했습니다. 그렇게 만들어진 나라는 독립이 아니라 새로운 식민지의 시작일 뿐이라고 생각했습니다.

강도 일본을 몰아내자고 주장하는 가운데 또 다음과 같은 사람들이 있으니,

제1은 외교론으로 이씨 조선 500년 동안 외교로써 나라를 지키는 것이 좋은 방법이라 하여 조선 시대 말에 이르러 더욱 심해졌다. 갑신정변 이래 유신당(維新黨, 개화당, 급진개화파)·수구당(守舊黨, 사대당, 온건개화파)의 일어나고 무너짐이 거의 외국의 도움이 있느냐 없느냐에 따라 결정되었고, 위정자의 정책은 오직 이 나라를 끌어당겨 저 나라를 제압함에 불과하였다. 그러니 그렇게 외국을 믿고 의지하는 습성이 일반 사회에 전염되었다. 갑오년(1894년)과 갑신년(1884년) 두 번에 걸쳐 우리가 큰일을 치르고 있을 동안 일본이 수십만 명의 생명과 수억만의 재산을 희생하여 청·러시아 두 나라를 물리치고, 조선에 대하여 강도적 침략주의를 이루려 하는데도 우리 조선의 "조국을 사랑한다. 민족을 건지려 한다" 하는 이들은 한 자루의 칼, 한 개의 폭탄도 어리석고 용렬하며 탐욕스러운 관리나 외국의 적들에게 던지지 못하고, 탄원서나 여러 외국의 공관에 던지며, 청원서나 일본 정부에 보내어 나라의 외롭고 약함을 울며 호소하여 나라가 이어지거나 망하거나, 민족이 죽거나 살거나의 큰 문제를 외국인 심지어 적국 사람의 처분으로 결정하기만 기다리었도다.

문제는 조선 시대 내내 이어져 온 외교론만이 아니었습니다. 당장의 실천을 미뤄 두고 '다음에 준비되면…… 모든 걸 갖춘 후에……' 하면서 미적대는 것 역시 임시 정부의 큰 잘못이라고 생각했습니다.

제2는 준비론이니, 을사늑약 당시에 여러 나라 외교 공관에 빗발 돋듯 하던 종이쪽지로도 넘어가는 국권을 붙잡지 못했고, 정미년(1907년)의 헤이그 특사도 독립 회복의 기쁜 소식을 안고 오지 못하자 외교론에 대해 의문이 들고 전쟁이 아니면 안 되겠다는 판단이 생겼다. 그러나 군인도 없고 무기도 없이 무엇으로써 전쟁하겠느냐? 선비와 유생들은 오직 큰 뜻에 성공과 실패를 헤아려 보지 않고 의병을 모집하여 높은 관(冠) 큰 옷을 입고 대장이 되어 지휘하며, 산속에서 사냥이나 하던 포수들을 모아 조일전쟁(朝日戰爭)의 전투라도 나섰지만, 신문 쪽이나 본 이들 곧 시대의 흐름을 짐작한다는 이들은 그리 할 용기도 없었다. 그래서 한다는 말이 "오늘 이 시간으로 곧 일본과 전쟁한다는 것은 망발이다. 총도 장만하고, 돈도 마련하고, 대포도 준비하고, 장관이나 말단 병사까지라도 다 갖춘 뒤에야 일본과 전쟁한다"고 하니, 이것이 이른바 준비론 곧 독립 전쟁을 준비하자 함이다. (……)
강도 일본이 정치·경제 양 방면으로 구박을 주어 경제가 날로 곤란하고 생산 기관이 전부 박탈되어 입고 먹을 방법도 없는 때에, 무엇으로 어떻게 실업을 발전하며, 교육을 확장하며, 더구나 어디서 얼마나 군인을 양성하며, 양성한들 일본 전투력의 백 분의 일의 비교라도 되게 할 수 있느냐? 실로 한 바탕의 잠꼬대가 될 뿐이로다.

선생은 자신이 쓴 〈조선 혁명 선언〉을 다시 읽고 또 읽으며 가슴을 쳤습니다. 이 글 그대로 피 토하듯 쏟아 냈던 말들은 몇몇 동지를 제외하고는 허공에 흩뿌려지고 말았습니다. 그러나 더 이상 되돌릴 수 없는 일을 가지고 계속 가슴 아파하는 것은 어리석은 일이었습니다.

'임시 정부가 잘못을 깨달을 때가 오겠지. 끝내 스스로 알지 못하더라도 깨우치고 가르치는 사람과 행동이 언젠가는 나타나겠지. 그렇다고 그때까지 무조건 기다릴 수만은 없지 않은가? 나는 내 일을 해야 한다. 조국을 위해, 내 땅의 인민들을 위해 지금 당장 내가 할 수 있는 일을 시작해야 한다.'

선생은 나라가 식민지가 된 것에서부터 나라를 되찾기 위한 독립운동의 방법, 임시 정부 안에서의 잘못된 판단, 수많은 친일파의 등장에 이르기까지 우리 민족이 이토록 어려움을 겪는 것은 모두 우리 역사에 대한 바른 판단이 부족했기 때문이라고 생각했습니다.

'그렇지, 처음부터 다시 시작하자. 우리 역사에 대한 기초부터 다시 시작하는 거야.'

그동안 손을 놓았던 공부를 다시 시작하면서 선생은 조금씩 마음을 진정시킬 수 있었습니다. 그 과정에서 천두슈, 리스쩡 등 중국인 지식인들이 큰 도움이 되었습니다. 그들은 신채호 선생에게 외국인에게는 공개하지 않는 중국의 사고전서(四庫全書)를 베이징 대학교에서 마음껏 읽어 볼 수 있도록 기회를 마련해 주었습니다. 청나라 건륭제[14] 시기 40여 년에 걸쳐 집대성되고 그 수가 8만 여권에 이르는 사고전서를 조선인으로서는 처음 공부하면서, 중국의 방대한 역사와 더불어 중국인이 자기 역사를 모으고 지키는 일에 기울였던 노력에 감탄할 수밖에 없었습니다. 강대국으로서 별다른 침략 없이 자신들의 역사 자료를 지킬 수 있었던 그 힘이 부럽기도 했습니다. 그러면서도 어마어마한 책들 속에서 우리 역사와 관련된 것을 찾아내고 분류하는 데 힘을 기울였습니다.

가장 오랫동안 제일 가까이 부대껴 온 중국의 시각은 우리 역사를 보는 또 다른 눈을 제공해 주었습니다. 중국이 그동안 우리 역사를 어떻게 보고 있었는지, 그에 따라 우리 역사가들이 어떻게 그것을 따라갔는지도 알게 해 주었습니다.

짧은 가을이 지나고 겨울을 맞았습니다. 거칠 것 없이 불어오는 대륙의 바람이 선생의 얇은 겨울옷을 헤집어 뼈에 닿을 정도였습니다. 어려운 것은 추위만이 아니었습니다. 먹고 자는 데 들어가는 돈 역시 늘 선생을 괴롭혔습니다.

주위의 도움을 받는 것도 한계가 있었습니다. 곁에서 큰 도움이 되어 주던 지호도 톈진으로 떠난 후 소식이 없었습니다. 게다가 몸과 더불어 쉬지 않고 쓰던 눈이 점점 나빠져 당장 병원에 가 봐야 할 지경에 이르렀습니다. 해야 할 일은 쌓이고 마음은 급한데 도무지 공부를 계속할 상황이 아니었습니다. 생활의 문제를 해결하는 것이 가장 급했습니다.

"이곳 베이징에 선생이 쉴 만한 장소를 보아 두었습니다. 관음사라는 절입니다. 일단 그곳에서 몸을 추스르시면서 나중을 기약하는 것도 좋을 것 같습니다."

중국인 친구 리스쩡의 권고는 진심을 다한 것이었습니다. 선생도 그 권유를 뿌리칠 만큼 몸과 마음의 사정이 여유롭지 않았습니다. 누구나 부처가 될 수 있다는 평등의 정신, 부처가 되기 위해 치열하게 실천하고 노력하는 불교의 모습이 나쁘지 않았습니다. 우리 민족 사상의 큰 줄기를 이어 온 불교에 대한 관심도 적지 않았습니다. 무엇보다 출가(出家)를 통해 핏줄의 인연조차 끊고 거친 길을 홀로 가야 한다는 승려의 삶은, 미칠 듯이 자신을 괴롭히는 가족에 대한 그리움을 잊는 데도 도움이 될 것 같았습니다.

수첩롱부긍개(睡睫朧不肯開),

청신강기배여래(淸晨强起拜如來)

자서신세여행걸(子胥身世餘行乞),

원량풍류폐거배(元亮風流廢擧盃)

백벽삼조종불우(白璧三朝終不遇),

황하일거기시회(黃河一去幾時回)

고원향초감위병(古園香草堪爲餠),

회억반의슬하배(回憶斑衣膝下陪)

몽롱하게 졸린 눈을 선뜻 뜨기 어렵지만

맑은 새벽 힘내 일어나 부처님께 절 드리네

오자서[15] 신세처럼 주리며 떠도는 발걸음

도원명[16]의 풍류를 가졌어도 날 취하게 할 술잔 이미 버렸네

고운 옥돌[17] 세 나라에서도 알아주지 않았으니

황하는 흘러가면 어느 때나 돌아올까

고향에선 여전히 쑥으로 떡을 빚을 텐데

색동옷 입고 부모님 모실 때가 그립구나[18]

규칙적인 식사, 적당한 노동, 머리를 깎은 후 얻은 정신의 집중.
관음사는 신채호 선생에게 새로운 안정을 주었습니다. 유마경, 방엄

경 등 대승 불교에 대한 공부도 깊이를 더해가고 있었습니다. 그러나 마냥 이 상태를 편안히 누리고 있을 수만은 없었습니다. 차츰 몸이 제자리를 찾아가자 우리 역사를 우리 민중의 시각에서 정리하고 평가해야 한다는 조바심이 일었습니다. 선생은 다시 붓을 들었습니다.

역사란 무엇이뇨. 인류 사회의 '아(我)'와 비아(非我)'의 투쟁이 시간부터 발생하며 공간에서 확대하는 심적 활동의 생태 기록이니, 세계사라 하면 세계 인류의 그리되어 온 상태의 기록이며, 조선사라 하면 조선 민족의 그리되어 온 상태의 기록이니라.

무엇을 '아'라 하며, 무엇을 '비아'라 하느뇨. 깊이 팔 것 없이 얕게 말하자면, 무릇 주관적 위치에 선 자를 '아'라 하고, 그 외에는 '비아'라 하나니, 이를테면 조선인은 조선을 '아'라 하고, 영국, 미국, 프랑스, 러시아 등은 제각기 자기 나라를 '아'라 하고, 조선은 '비아'라 하며, 무산 계급을 '아'라 하고, 지주나 자본가 등을 '비아'라 하지만, 지주나 자본가 등은 각기 제 붙이를 '아'라 하고, 무산 계급을 '비아'라 하며, 이뿐 아니라 학문이나 기술에나 직업에나 의견에나 그 밖에 무엇에든지, 반드시 본위인 '아'가 있으면, 따라서 '아'와 대치한 '비아'가 있고, '아' 중에 '아'와 '비아'가 있으면 '비아' 중에도 또 '아'와 '비아가 있어, 그리하여 '아'에 대한 '비아'의 접촉이 자주 있을수록 '비아'에 대한 '아'의 싸움이 더욱 맹렬하여, 인류 사회의 활동이 쉴 틈이 없으며 역사의 나아감이 끝맺을 날이 없나니, 그러므로 역사는 '아'와 '비아'의 투쟁의 기록이니라.

일제로부터 광복을 맞이한 지 3년이 지난 1948년 《조선 상고사》라는 이름으로 나온 책의 첫머리는 이때 썼습니다. 인류의 시작에서부터 자신의 조국을 둘러싼 수많은 시간의 과정까지, 한 민족, 국가, 집단에서부터 한 개인의 분투까지 선생은 역사를 나(我)와 나를 둘러싼 상대(非我)와의 투쟁으로 파악했습니다. 그리고 역사는 단순히 지난 일이 아니었습니다. 바로 지금까지 이어지는 현재의 삶이기도 했습니다. 그렇다면 현재의 역사, 지금의 역사적 투쟁은 당연히 일제와의 싸움으로 이어질 수밖에 없었습니다.

투쟁은 말로 하는 것이 아니었습니다. 실천 없는 투쟁, 희생을 각오하지 않는 싸움은 선생에게 잠꼬대에 불과한 이야기였습니다. 비록 절망과 피로 속에서 절에 몸담고 있다고는 하나 베이징의 독립운동가들과 연락을 끊지 않은 것은 이런 이유였습니다.

그때 들려온 소식은 중국에 있는 한국인들이 '재중국 조선 무정부주의자 연맹'을 만들었다는 것이었습니다. 하지만 선생은 평소 깊은 친분을 쌓은 이회영, 이정규, 정화암 등이 만든 단체였음에도 참여하지 않았습니다.

　'무정부주의자를 자처하는 사람들이 한다는 일이 중국인의 도움을 받아 시골에 마을을 건설하는 것이라니…… 그런 낭만적이고 안일한 생각으로 어떻게 독립을 이룰 수 있을까? 싸움은 직접적이고 즉각적이어야 해. 일본 놈들 밑에서 죽지 못해 살고 있는 우리 동포에게 당장 필요한 건 몸에 들러붙어 끝없이 피를 빨아먹는 거머리를 한 마리라도 얼른 없애 버리는 거라고.'

　이런 점에서 선생은 의열단원 유자명이 이회영의 아들 이규학, 이회영의 둘째 형인 이석영의 아들 이규준 등과 함께 직접적으로 독립 투쟁을 하기 위해 베이징에서 새로 만든 다물단에 큰 관심이 있었습니다.

　"모임 이름이 다물단이라 했나? 좋은 이름이네. 고려 때 말로 옛 땅을 다시 찾는 것을 '다물(多勿)'이라 했다더니, 지금 자네들에게 이보다 더 좋은 이름이 있을 수 있겠나."[19]

　"네, 선생님. 그 외에도 '입을 다물어 동지와 비밀을 지키면서 오직 행동으로만 싸워 나가자'는 뜻도 있습니다."

　"좋네, 좋아. 지금은 내가 절에 매인 몸이라 직접 자네들과 같이 할 수 없지만 언젠가는 함께할 날이 올 걸세."

　날이 한창 더워 흐르는 땀으로 승복에 소금 무늬가 생기던 어느 날, 선생을 찾아온 다물단 청년들에게 해 준 말이었습니다.

세계의 모든 약소민족이 다 같이 번영하고 모두 평등해지는 세상을 꿈꾸며 스스로를 갈고 닦아 민족이 민족을 차별하고 국가가 국가를 억압하는 세상을 없애 버리기로 한 50여 명 청년들의 다짐과 결의는 오랜만의 큰 기쁨이었습니다. 다만 그 청년들 중에 지호가 보이지 않는다는 것이 서운했습니다.

"지호의 소식은 들었는가?"

청년들을 인솔해 온 유자명은 괴로운 얼굴이 되었습니다.

"계획대로 황옥을 따라 경성까지 간 것은 확인이 됐는데, 김시현 동지와 황옥이 체포되는 과정에서 감쪽같이 사라졌다고 합니다. 그 이후 소식도 끊어졌고요."

"그렇다면 혹시?"

"아닙니다. 그렇게 쉽게 잡히거나 죽지는 않았을 겁니다. 잡혔다면 우리도 충분히 알 수 있었을 테니까요. 아마 제 생각에는 어디 안전한 곳에서 몸을 피하고 있지 않을까 싶습니다."

"앞으로 우리 일에 크게 쓰일 젊은이인데……. 그래, 부디 자네 말대로 목숨은 건지고 있었으면 좋겠네만."

선생은 지호의 일을 제외하곤 서서히 길이 보이는 듯했습니다. 그동안 자신을 괴롭히던 패배감과 무기력에서 벗어날 수 있을 것 같았습니다. 눈에 보이지 않던 새로운 동지들이 목숨을 걸고 곁에 와 주고 있었습니다. 청년들의 등장은 싸움이 나에게서 혼자 끝나지 않으리라는 희망을 주었습니다. 깊이 읽던 불경(佛經)들은 어지럽던 마음을 정리해 주었습니다. 더 깊이 썼던 우리 역사 논문들도 마무리되어 가고 있었습니다.

그사이 가을이 되었습니다. 가을의 열매처럼 몇몇 저작이 결실을 맺으면서, 가을 낙엽처럼 관음사와의 인연도 다해 가고 있음을 선생은 느낄 수 있었습니다.

[14] 중국 역사상 가장 오랜 기간(1735~1796년) 동안 중국을 통치한 청나라 황제. 영토 확장은 물론 문화와 예술을 발전시킨 것으로도 유명하다.

[15] ?~BC 484년. 중국 춘추전국 시대의 정치가. 아버지와 형의 복수를 위해 오랜 시간 중국을 떠돌았다.

[16] 365~427년. 중국 동진 시대의 시인, 정치가. 자연과 술과 시를 좋아해 산문시 〈귀거래사(歸去來辭)〉를 남겼다.

[17] 고대 중국의 보물. 가치를 알아보지 못하는 여러 나라를 떠돌다 나중에 진시황제가 옥새를 만들었다.

[18] 신채호 선생이 관음사에 머물던 시절에 지은 한시 〈무제(無題)〉.

[19] 중국 송나라 시대에 사마광이 편찬한 역사책 《자치통감》의 '여서위복구토위다물(麗語謂復舊土爲多勿). 즉 "고려의 말로 옛 땅을 찾는 것을 다물이라 한다"는 데서 시작된 말이다.

5

—

경의선

무원이 황옥에게 급히 경성으로 돌아가라는 얘기를 들은 건 황옥의 의열단 입단식 뒤에 열린 환영 식사 자리가 끝날 즈음이었습니다.

평소에도 말이 적은 의열단 사람들은 식사와 술이 있는 자리에서도 크게 웃거나 실없는 농담을 던지는 일이 없었습니다. 의열단에게 새로운 단원을 맞이한다는 것은, 언젠가는 고통과 죽음으로 헤어져야 하는 사람을 한 명 더 알게 되는 일이었습니다. 그들은 새로운 단원을 만날 때면 기쁘지만 슬펐고, 반갑지만 걱정스러웠습니다. 서로를 깊게 안다는 것은 앞으로 씻을 수 없는 상처를 안을 수 있다는 점에서 위험한 일이었습니다.

의열단원들은 언제 목숨을 던져야 할지 모르는 상황에서 최대한 살아 있는 시간을 즐기려 했지만 쉽지 않았습니다. 베이징 거리에서 지나가는 사람들이 한 번은 되돌아볼 정도로 멋진 옷을 입고 어쩌면 마지막이 될지도 모를 그 모습을 남기기 위해 틈나는 대로 사진기 앞에 섰지만, 인화된 사진에는 지울 수 없는 그림자가 묻어 있었습니다.

　그날의 자리도 크게 다르지 않았습니다. 누구와도 친해지지 않겠다는 듯 그들은 황옥에게 몇 마디 인사를 건네고는 옆 사람과 별반 말도 없이, 곁들이는 안주도 없이 독한 중국 술을 멈추지 않고 마셨습니다.

　황옥은 처음에는 자신을 의심하고 있는 것은 아닌가 해서 은근히 긴장했습니다. 별것 아닌 말에도 뜻을 생각해야 했고, 자기를 향한 가벼운 동작에도 흠칫 놀라 맨 위 단추를 만지려 하기도 했습니다. 그러나 곧 마음을 놓을 수 있었습니다. 그들은 빨리 취해 가고 있었습니다.

　황옥도 주는 사람 없이 혼자서 잔을 연달아 입에 가져갔고 곧 취한 듯 보였습니다. 그러나 그가 물을 마시는 척 몰래 물 잔에 술을 뱉어 내는 걸 눈치채는 사람은 없었습니다.

　"잠깐만 다녀와야겠습니다. 흐흐."

　의아하게 쳐다보는 시선들을 향해 황옥은 자신의 아랫도리를 가리켰습니다. 피식하는 웃음을 뒤로하고 그는 비틀거리며 식당을 나와 토할 것처럼 허리를 굽히고 어두운 골목으로 들어섰습니다. 예상대로 곧 무원이 다가왔습니다. 황옥은 쭈그리고 앉아 속을 게워 내는 척 주변을 살피다 무원 혼자인 걸 확인하고는 천천히 일어났습니다.

　"다행히 아직까지 내가 맨 위 단추를 만져야 하는 일이 생기지는

경이로운

않았네. 앞으로도 생길 것 같지 않고. 그러니 자네는 바로 경성으로 돌아가 일을 하나 준비해 줘야겠어."

"지금 바로 돌아가라는 말입니까?"

"해 뜨는 대로 새벽에 첫 기차를 잡아 돌아가게."

"이곳에 온 지 3일도 되지 않았습니다."

"가라면 가는 거지 왜 이렇게 말이 많아? 왜? 아직 네 먹잇감을 못 찾아서 그러는 거야?"

자기 속을 훤히 들여다보고 있는 듯한 황옥의 말에 무원은 말문이 막혔습니다. 말문이 막혀서 화가 났습니다. 황옥은 무원의 얼굴을 살피더니 말끝을 누그러뜨렸습니다.

"우리 둘 다를 위해서 돌아가라는 거야. 이번 달 중순쯤 내 손에 이놈들 폭탄을 들고 경성으로 갈 테니, 자네는 마루야마 국장에게 일러 내가 그쯤 도착할 거라고 전달해 놓게. 알아듣겠어?"

"도대체 의열단 놈들하고 무슨 얘기를 나누신 겁니까? 저도 자세한 내막을 알아야 가서 보고를 할 거 아닙니까?"

"그건 자네가 알 바 아니고. 자네는 시키는 대로만 하면 돼. 다만 이거 하나만 더 기억하게. 나중에 내가 경성역에서 내리는 걸 보게 되더라도 내 주변에 있는 놈들에게 섣불리 덤벼들어서는 안 되네. 병력도 많이 불러 모으지 말고, 내가 신호를 줄 때까지 계속 따라붙기만 하게."

무원은 이번에는 대꾸하지 않고 바로 뒤돌아섰습니다. 챙겨야 할 짐도 특별히 없어서 여관에 돌아온 후 잠깐이라도 눈을 붙일 시간이 있었습니다. 하지만 무원은 눕지도 씻지도 않았습니다. 입던 옷 그대로 한참을 생각하던 그는 무언가를 꼼꼼히 적은 후 여관을 떠났습니다.

* * *

신의주를 떠난 기차는 남쪽으로 내려오면서 점점 봄 속으로 들어가는 듯했습니다. 새벽에 신의주를 떠나면서 단단히 묶었던 목도리가 답답해지더니, 안주를 지나면서는 창가 쪽 햇살에 안주머니 깊숙이 넣어 두었던 손수건을 꺼내 땀을 닦아야 할 정도였습니다. 지호는 평양을 지나면서 단추를 풀기 시작했고, 황해도에 들어서 사리원을 지나 개성에 닿을 즈음해서는 언뜻언뜻 철 이른 개나리를 보면서 겉옷을 벗었습니다. 그러나 허리춤 깊숙이 숨겨 놓은 권총은 풀 수 없었습니다. 앞칸의 황옥과 김시현을 살피는 눈길도 풀 수 없었습니다. 지호는 모자를 더욱 깊숙이 눌러 썼습니다.

"만일 일이 생기면 무엇보다 먼저 총과 폭탄을 지켜야 하네. 안타깝지만…… 동지들은 그다음에 지켜야 하고."

압록강을 넘기 전날 밤, 김원봉은 담담한 얼굴로 얘기했습니다.

지호는 김원봉을 말없이 쳐다보았습니다. 어떤 표정도 읽을 수 없었습니다. 다만 폭탄에 관해 이야기할 때보다 동지들 이야기를 할 때 눈가가 심하게 떨리는 것은 알 수 있었습니다.

"김시현 동지와 황옥에게도 자네가 뒤따를 거라 말해 두었네."

"알겠습니다. 폭탄이든 동지들이든 지켜야 한다면 제 몸을 지키는 일보다 먼저 나설 겁니다. 다만 한 가지 부탁이 있습니다."

"무언가?"

"제가 원래 지켜 드렸어야 할 단재 선생님을 잘 부탁드리겠습니다."

"그런 말 하지 말게. 다시는 돌아오지 못할 사람처럼 왜 그러나? 단재 선생님은 누구보다 자네가 지켜 드려야 할 분이야. 꼭 살아 돌아와서 자네 힘으로 끝까지 선생님을 지켜 드리게."

살아야 할 이유가 한 가지 더 늘어난 느낌이었습니다. 김원봉의 지시는 어쩌면 지호가 바라던 바였습니다. 비밀리에 뒤를 따라가는 것이 더 좋았으리라는 생각도 들었지만 그것까지 자신이 결정할 수는 없었습니다. 다만 한 가지, 신채호 선생을 두고 가야 하는 것이 불안할 따름이었습니다. 하지만 황옥의 입단식 이후 모습이 보이지 않는 무원에 대한 불안감은 경성으로 갈 수밖에 없다는 생각을 하게 했습니다.

자신이 원하는 것을 얻기 위해서는 어떤 일도 마다치 않던 무원이 갑자기 사라졌다는 것은, 노리던 먹이를 포기하고 경성으로 돌아간 게 아니라 어디선가 더 큰 덫을 준비하고 있다는 뜻이었습니다. 더구나 무원이 중국 땅까지 넘어온 가장 큰 이유가 지호 자신에게 있다는 것을 뻔히 알고 있는 상황에서 자신을 잡는 일보다 무언가 더 급한 일이 생겼다는 뜻이었습니다. 지호는 그게 무엇인지 알아야 했습니다. 그게 무엇이든 막아야 했습니다. 그래서 자신이 잡히는 상황이 오더라도 어렵게 준비한 이번 계획이 성공해야 한다고 생각했습니다. 그것이 진정 무원에게 복수하는 길이라고 생각했습니다.

'필요하면 내가 미끼가 되어 주마. 넌 나만 잡으면 네가 이긴다고 생각하겠지만, 나를 잡은 후 총독부에서 터지는 폭탄을 보면 누가 이기는 싸움을 했는지 알게 될 거다.'

지호는 기차가 산과 강을 끼고 돌아갈 때마다 한눈에 보이는 앞 칸의 김시현과 황옥에게 시선을 떼지 않고 있었습니다. 그들이 아무렇지도 않은 듯 옆자리에 놓아둔 궤짝들을 더욱 신경 써서 확인했습니다. 궤짝 안에는 폭탄 36개와 권총 5정, 신채호 선생의 〈조선 혁명 선언〉 700여 장, '조선 총독부 소속 관공리에게' 550여 장이 들어 있었습니다. '총독부 경부 화물'이란 꼬리표는 황옥이 붙인 것으로, 경성까지 일체의 검사에서 벗어나게 해 주었습니다. 하지만 지호의 눈에는 호랑이 아가리에 먹이를 갖다 바치는 것 같아 영 개운하지 않았습니다.

기차의 오른쪽을 보니 붉은 해가 떨어지고 있었습니다.

'이제 곧 경성역에 닿겠군.'

지호는 중간중간 사람들이 많이 내려 자리가 듬성듬성해지고 한낮을 지나 열차 안의 열기까지 한풀 꺾이면서부터는 더 이상 쓸 필요가 없어진 손수건을 내려다보았습니다. 한쪽 끝에 보이는 '雨(우)'라는 글자가 흔들리는 기차 안에서도 눈을 벗어나지 않았습니다.

'살아 내야 하는 가장 큰 이유……'

손수건과 함께 붉게 물드는 서쪽 하늘처럼 경성의 하늘을 붉게 만들 폭탄을 담은 궤짝을 바라보며 지호는 깊게 숨을 쉬었습니다.

6

雨(우)

마루야마는 책상 위에 다리를 올리고 앉아 무원이 건넨 종이쪽지를 건성으로 훑어보았습니다.

"그렇지 않아도 엊그제 평안북도 경찰국으로부터 황옥과 김시현이 신의주에서 출발했다는 연락을 받았다."

"바로 그겁니다, 경무국장님. 말씀대로 엊그제 신의주에서 출발했다면 늦어도 어제는 제일 먼저 이곳에 들러 보고의 말씀을 올려야 하는데 아직 얼굴도 비치지 않고 있다는 점입니다."

"그거야 같이 들어온 의열단 놈들과 숨어 있는 곳에서 빠져나오기 힘들어서일 수도 있지 않겠나?"

"아닙니다. 어제 혼자서 외출하는 걸 제가 똑똑히 봤습니다."

"외출? 오호라…… 이미 경성에 온 걸 확인하고 어디에 숨어 있는지도 파악했다는 말이군. 게다가 미행까지 했다는 얘긴가? 흐흐. 시키지 않아도 아주 수고가 많았군. 대단한 재주를 가졌어. 그래, 그럼 황옥이 어딜 가서 누굴 만났지?"

마루야마의 질문에 무원은 말문이 막혔습니다. 자신이 황옥의 은신처를 알아내고 미행까지 했다는 얘기는 원래 하려던 얘기가 아니었습니다. 자신이 속해 있는, 총독부에서 가장 신임받는 종로 경찰서에서까지 그들을 찾지 못할 때를 대비해 준비한 정보였습니다. 더구나 황옥의 뒤를 밟았던 일은 별 소득이 없었습니다. 황옥은 두꺼워 보이지 않는 가방만 하나 들고나와 거리에서 스치듯 몇 사람을 만나는 듯하더니, 얼마 지나지 않아 무원의 시야에서 사라졌습니다. 황옥을 궁지로 몰아넣어 이번 일의 공을 독차지하려던 무원은 마루야마의 무심한 듯한 질문에 걸려 얼떨결에 말을 뱉곤 마음속에서 스스로 따귀를 때리고 있었습니다.

'이 아까운 정보를 이렇게 어이없게 흘리다니…… 큰 칭찬을 받을 기회를 날려 버린 거야. 멍청한 놈 같으니라고.'

마루야마는 우물쭈물하고 있는 무원에게 그 일은 대답할 필요도 없다는 듯 불쑥 다른 것을 물었습니다.

"그건 그렇고, 이 쪽지가 바로 황옥이 우리를 배신했다는 증거란 말이지?"

"그렇습니다. 자세히 보시면 우리 총독부를 공격할 계획이 자세하게 나와 있습니다. 총독부 건물을 이렇게 자세히 알 수 있는 인물은 황옥 말고 의열단에는 없습니다. 더군다나 황옥의 필체가 분명한 거로 봐서 우리 쪽 정보를 저쪽에 넘긴 것 같습니다."

물론 계획이 담겼다는 종이는 무원이 만든 것이었습니다. 지난 번에 황옥과 같이 총독부에 들어오던 날의 기억을 총동원해 만든 보람이 있었습니다. 의심 많은 마루야마는 중간중간 피식 웃기도 했지만 흥미를 보이는 듯했습니다. 마루야마는 무원을 세워둔 채 쪽지를 한참이나 더 살폈습니다.

"이 계획을 손에 넣으려고 네가 목숨 걸고 의열단 본부에 들어가 쓰레기통을 뒤졌다는 얘기는 아까 했고…… 그렇다면 우리가 할 일은 정해졌군. 병력을 데리고 가서 당장 황옥과 그 일당을 체포해."

"네. 바로 시행하겠습니다."

뛸 듯이 방을 나가는 무원의 뒤에서 무라야마는 차게 웃었습니다.

'조선 놈들끼리 잡아먹으려고 안달을 하는군. 김무원 이 어리석은 놈. 그놈들이 어디에 숨어 있는지 내가 모를 거라고 생각했나? 경성역에 도착해서 지들 소굴로 기어들어 갈 때까지, 그 뒤를 따르는 네놈까지 모두 보고가 올라오고 있다. 그리고 의열단이 아무리 허술하다 해도 그따위 계획서를 만들어 쓰레기통에 버릴 정도는 아니야. 목숨을 거는 놈들은 목숨을 잃을 수도 있는 꼬투리는 절대 남기지 않거든. 하기야 뭐 나쁠 건 없지. 황옥은 이미 우리 내부를 너무 많이 알고 있어. 더구나 그자를 잡아넣으면 저쪽이나 우리 쪽이나 황옥을 둘러싸고 혼란에 빠질 거야. 그자를 제거하고 새로운 인물을 앉히는 것도 그런 점에서 나쁘지 않겠지. 새로운 사냥개는 먹이에 정신이 팔려 주인을 물려고 들지 않을 테니 말이야.'

총독부를 나와 종로 경찰서에 도착한 무원은 되도록 많은 인원을 불러 모았습니다. 지난번 김상옥에게 당했을 때처럼 다시 쓴맛을 볼 수는 없었습니다.

'황옥, 너 혼자 북 치면서 장구까지 치겠다 이거지. 던져 주는 음식 같이 주워 먹는 처지에 그나마도 혼자 먹겠다고? 그건 안 되지. 이젠 내가 혼자 먹어야겠어.'

새벽까지 기다렸다가 출발하면서 무원은 의열단 체포보다는 이번 기회에 황옥을 제거하는 것이 먼저라고 생각했습니다. 자신의 앞길을 막아서는 건 그 누구라도 제거해야 하는 대상일 뿐이었습니다. 황옥이라는 천장을 걷어 제치고 더 높이 오를수록 현우와의 거리도 좁혀진다고 생각했습니다.

아직 어둠이 채 가시지 않은 골목엔 추적추적 비가 내리고 있었습니다. 곧 있으면 해가 뜰 때였지만 비 때문인지 보기에는 한밤이나 다름없었습니다. 무원은 물 샐 틈 없이 집을 포위하고 공격할 시간을 가늠하고 있었습니다. 그때 갑자기 문이 열리더니 황옥이 나타났습니다. 제일 놀란 건 무원이었습니다. 하지만 무원은 같이 온 일본 형사들에게 자신이 얼마나 대단한 사람인지 보이고 싶었습니다. 떨리는 심장 소리를 들으며 무원은 형사 둘을 뒤따라 세우고 골목 입구에서 황옥을 막아섰습니다.

"황옥 경부, 조용히 따라갑시다."

"김무원? 이게 뭐 하는 짓이야?"

황옥의 얼굴에 당황한 빛이 역력했습니다.

"당신을 체포하러 왔소."

"이런 미친…… 도대체 무슨 소리야? 며칠만 더 있으면 이놈들 모두를 한 번에 체포할 수 있다고!"

"목소리 낮춰."

무원은 얼른 황옥의 어깨너머로 다른 인기척이 있는지 살폈습니다. 하지만 아직 밝지 않은 하늘 아래에서 문 뒤에 급히 움직이는 발은 보지 못했습니다.

"이제 체포는 당신이 할 수 있는 일이 아니야. 그게 누구든 말이지. 지금 넌 내 손에 잡혀야 하는 처지인 것이고."

무원은 황옥의 말투를 흉내 내며 작게 웃었습니다.

"마루야마 국장을 만나게 되면 넌 끝장이야."

"그건 걱정하지 않아도 될걸? 국장님의 명령으로 당신을 체포하는 거니까."

황옥은 한참을 노려보더니 손에 들고 있던 가방을 조심스럽게 내려놓았습니다. 그러더니 천천히 두 손을 들어 올렸습니다. 무원은 그것이 항복의 표시라고 생각했습니다. 그러나 올라가던 오른손이 황옥의 외투 맨 위 단추에 멈추는 순간, 머리를 스치고 지나가는 기억이 있었습니다.

"피해!"

이 말과 동시에 총소리가 들리더니 바로 옆에 있던 순사 하나가 가슴을 부여안고 맥없이 쓰러졌습니다. 무원은 몸을 돌려 뛰려던 황옥의 허리를 있는 힘껏 발로 내질러 자리에 주저앉히고 급하게 몸을 숨겼습니다. 총소리는 분명 멀지 않은 곳에서 들렸습니다. 무원은 김상옥의 일을 다시 생각했습니다. 그때의 공포가 밀려 왔습니다. 그러나 지금은 그럴 때가 아니었습니다. 이 현장에서 명령을 내리는 사람은 바로 자기 자신이었고, 자기를 바라보고 있는 눈들은 이 위기가 지나면 자신의 행동을 보고할 일본인들이었습니다.

무원은 떨어지지 않는 발을 겨우 옮겨 초가 담벼락에 몸을 바짝 붙였습니다. 담장 뒤를 살피려고 얼굴을 올리는 순간, 또 한 방의 총소리가 들리더니 무원의 모자가 날아갔습니다. 등목을 하듯 땀이 흘러내려 가는 것이 느껴지면서도 몸이 덜덜 떨리는 게 말할 수 없이 추웠습니다. 이미 크게 울린 총소리에 온 동네가 깨어나는 듯했습니다. 사람들이 깨어나고 그들과 이놈들이 섞이게 되면 한 번에 모두를 잡기가 힘들다는 생각이 들었습니다. 무원은 망설일 틈이 없었습니다. 일제히 사격을 명령했습니다.

담장을 넘는 소리, 뒷문이 부서지는 소리, 몇몇의 급한 발걸음 소리, 총알이 툇마루에 박히는지 나무가 갈라지는 소리, 일본말의 비명 소리, 한국말의 고함 소리, 어린애가 악을 쓰며 우는 소리……. 소리들은 판소리의 한 대목처럼 혼자 튀어나오기도 하다가 가야금 병창처럼 섞이기도 했습니다.

한참을 지나 미숫가루 물에 콩가루가 가라앉듯 소리가 내려앉자 무원은 문 옆에서 집 안을 살폈습니다. 그때 창호지 너머에 사람 그림자가 어른거리는 게 보였습니다.

"방 안에 아직 남은 놈이 있다. 계속 쏴!"

다시 총질이 시작됐습니다. 초가지붕에 불이 붙기 시작하고 자욱한 연기가 주변을 덮을 때쯤 사격은 끝났습니다. 해가 뜨기 시작했지만 부슬부슬해진 비에 연기가 겹쳐 옆 사람도 알아보기 힘들 정도였습니다. 귀를 찢을 듯했던 온갖 소리는 모두 연기에 갇혔는지 주변에는 어떤 소리도 들리지 않았습니다. 무원은 그 조용함이 오히려 견디기 어려웠습니다. 그래서 자기라도 소리를 내려는 듯 몸을 일으켜 방으로 들어섰습니다.

엎드린 채 피투성이가 된 사람의 몸뚱이 하나가 보였습니다. 열어 놓은 문틈으로 불어오는 바람에 머리카락이 움직이자 놀란 무원은 한 번 더 방아쇠를 당겼습니다. 더 이상 움직임이 없다는 확신이 들자 시체를 돌아 눕혔습니다. 낯익은 얼굴이 나타났습니다. 종로 경찰서에서 자신을 보이지 않게 업신여기던 일본인 형사의 얼굴이었습니다. 경찰 제복을 입고 있지 않은 시체를 보면서 무원은 한 놈이 빠져나갔다는 걸 알게 되었습니다.

"인원을 점검해라! 주변을 샅샅이 뒤져라! 폭탄이 들어 있을 궤짝이나 가방도 어떻게든 찾아야 한다."

밖을 향해 소리치며 나가려던 무원에게 방 한구석에서 낯선 물건이 하나 눈에 띄었습니다. 다가가 보니 남자는 쓰지 않을 고운 무늬의 손수건이었습니다. 손수건은 피에 젖어 구겨져 있었습니다. 손가락 끝으로 손수건을 집어 든 무원의 눈에 한쪽 끝에 새겨진 글자가 들어 왔습니다. 붉은 실로 새겨져 피 속에서는 알아보기 어려웠지만 무원은 그 글자를 단번에 알 수 있었습니다.

雨(우).

덜렁거리는 성격 탓에 물건을 잃어버리기 일쑤인 현우가 제 물건이라면 어디든 새기거나 박아 놓곤 하던 글자. 무원은 어금니가 부서질 정도로 입을 꽉 다물었습니다. 뜨거운 국물을 한 번에 들이켠 듯 가슴이 쓰려 왔습니다. 당장 뱃속에 손을 넣어 이 꽉 막힌 소리를 꺼내 놓고 싶었습니다.

'지호다. 그놈이 여기 있었어. 경찰 옷을 입고 빠져나간 게 지호였어.'

더 많은 총을 확보하지 못하고 더 많은 인원을 데려오지 못한 게

뼈저리게 아팠습니다. 지호가 있는 걸 알았다면 군대를 부르고 대포라도 가져왔을 것이라고 생각했습니다. 무원은 마당에 묶인 채 꿇어앉아 있는 황옥과 김시현을 노려보았습니다. 그리고 아무도 모르게 손수건을 주머니에 쑤셔 넣었습니다.

'이번에는 용케 빠져나갔구나. 하지만 머지않아 네 피를 내 손에 직접 묻힐 날이 올 거다, 반드시.'

7

낭객의
신년 만필

관음사에 들어간 지 1년도 되지 않아 신채호 선생은 절에서 나왔습니다. 몸을 추스르고 정신을 가다듬자 새롭게 시작하려는 일들에 대한 생각이 선생을 절 밖으로 내몰았습니다. 추운 겨울이었습니다. 하지만 마음은 춥지 않았습니다. 선생은 관음사에서 나오자마자 베이징에 있는 이호영의 집을 찾아갔습니다.

"단재, 어쩐 일인가? 이제 아주 관음사에서 나온 것인가?"

"네, 그렇습니다. 부처님께서 절밥 그만 축내고 얼른 나가 중생을 위해 더 큰 일을 하라고 자꾸 꾸짖으셔서 어쩔 수 없이 나왔습니다."

"허허허. 이 사람, 농담을 던지는 걸 보니 몸이 좋아지긴 한 모양일세. 반갑네, 반가워. 그렇지 않아도 우리가 해야 할 일이 산처럼 쌓여 있다네."

"네, 산처럼 쌓여 있는 일도 하나씩 넘어서면 언젠가는 모두 이루겠지요. 그나저나 이제 형님 댁에 제 몸을 맡겨야 할 것 같습니다."

"우리 집으로 걸음 하라 한 것도 부처님 말씀이었나? 하하하. 별 걱정을 다 하는구먼. 난 자네가 가까이 있게 돼서 얼마나 든든한지 모르겠네."

임진왜란을 겪은 이래로 다섯 번의 병조판서와 세 번의 정승을 지낸 백사 이항복의 10대손. 조선의 끝 무렵 이조판서를 지낸 이유승의 일곱 아들 중 막내. 그 형제 중 건영, 석영, 철영, 회영, 시영, 호영 여섯은 나라가 망하자 조선 최고의 명문 가문 후손이라는 이름도 버리고 중국으로 넘어온 후 가진 모든 재산을 팔아 독립운동에 쏟아부었습니다. 조금만 마음을 달리 먹어 일본에 협조했더라면 평생을 배부르고 따뜻하게 살 수 있었습니다. 하지만 다른 선택을 한 그들 덕분에 만주에 신흥 무관학교가 만들어지고 나라 잃은 백성들이 일굴 땅이 생겼습니다. 그런데 정작 그들은 이제 하루에 한 끼를 걱정해야 하는 처지로 몰리고 있었습니다. 그런 어려운 형편에도 이호영은 단재 선생을 흔쾌히 맞았습니다.

단재 선생도 형편이 궁하기는 마찬가지였습니다. 성격상 몸을 부탁할 만한 다른 곳도 없었습니다. 이호영의 집에서 하숙을 시작하면서 여전히 돈이 필요했으나 구할 곳이 없었습니다. 그러던 중 몇몇 곳에서 청탁한 원고를 거절할 수 없었습니다. 1925년 새해를 맞아 선생은 급한 대로 〈동아일보〉에 글을 보냈습니다. 멀리 떨어져 있는 고국의 동포들에게 생각을 전하고자 하는 마음도 컸습니다.

인류는 옳고 그름의 문제를 떠나 이롭고 해로운 문제를 기준으로 삼을 뿐이다. 이 문제를 위하여 석가도 나고 공자도 나고 예수도 나고 마르크스도 나고 크로폿킨[20]도 났다. 시대와 경우가 다르고 그들의 감정도 같지 않아 그들 사이에 크고 작고 넓고 좁음은 있을망정 이해(利害)는 이해(利害)인 것이다. 그 제자들도 스승의 핵심적인 본뜻을 잘 알아들어 자기의 이익을 구하므로, 중국의 석가가 인도와 다르며, 일본의 공자가 중국과 다르며, 마르크스도 카우츠키[21]의 마르크스와 레닌의 마르크스와 중국이나 일본의 마르크스가 모두 다른 것이다.

그러나 우리 조선 사람은 매번 이로움과 해로움(利害)의 기준 밖에서 진리를 찾으려 하므로 석가가 들어오면 조선의 석가가 되지 않고 석가의 조선이 되며, 공자가 들어오면 조선의 공자가 되지 않고 공자의 조선이 되며, 무슨 주의가 들어와도 조선의 주의가 되지 않고 주의의 조선이 되려 한다. 그리하여 도덕과 주의를 위하는 조선은 있고, 조선을 위하는 도덕과 주의는 없다.

아! 이것이 조선의 특색인가! 특색이라면 특색이나 노예의 특색이다. 나는 조선의 도덕과 조선의 주의를 위하여 슬피 울려 한다.[22]

역사가 아(我)와 비아(非我)의 투쟁이라면 그 투쟁을 하기에 앞서 '아'가 먼저 바로 서야 했습니다. '아'가 없다면 투쟁도 없는 것이었습니다. 그러나 우리 역사를 깊게 공부하고 연구하면 할수록 우리 조선이 먼저 '아'로 똑바로 서지 못했음을 선생은 한탄했습니다.

또한 앞으로의 희망인 청년, 학생들을 향한 당부도 잊지 않았습니다. 새로운 문학과 예술에 마음을 빼앗겨 정작 독립에 대한 열망이 식어 가는 것 같아 안타까웠기 때문입니다.

정치적·경제적 현실의 고통에서 도망·탈출하여 신시(新詩)·신소설(新小說)의 피난 생애로 일생을 마치려는 신청년의 심리야말로 참으로 애석할 만하다. (······) 일찍이 중국 광둥의 〈향도〉란 잡지에 그 호수가 몇 호인지 작자가 누구인지를 지금 다 기억하지 못하는, 중국 신문예를 비판하는 논문이 났었는데, 그 큰 뜻을 말하면,

"중국 근래에 여러 혁명과 운동 등이 모두 학생 중심이었다. 그러더니 요즘에 와서는 학생 사회가 왜 이렇게 조용한가 했더니 일반 학생들이 신문예의 마취제를 먹은 후로 혁명의 칼을 던지고 문예의 붓을 잡으며, 몸을 던져 피 흘릴 관념을 버리고 새로운 시, 새로운 소설의 저자에 마음을 주며, 문예의 낙원으로 천국을 삼는 까닭이다. 몇 구의 시나 몇 줄의 소설

을 지으면, 이를 팔아 그 생활비가 넉넉히 될뿐더러, 또한 독자의 환영을 받아 시인이다 소설가다 하는 명예의 월계관을 쓰며, 연애에 관한 소설을 잘 지으면, 어여쁜 여학생이 그 뒤를 따라 무한히 여성과의 행복을 누리게 되므로, 혁명이나 다른 운동같이 체포되어 갇히거나 맞아 죽을 위험은 없고, 명예와 안락을 얻으며, 연애의 단꿈을 이루게 되므로, 문예의 작자가 많아질수록 혁명당이 적어지며, 문예품의 독자가 많을수록 운동가가 없어진다." 하였다.

나는 이 글을 읽을 때, 3·1 운동 이후에, 조용히 가라앉아 버린 우리 학생 사회를 생각하였다. 중국은 그 크기가 어마어마한 대륙인 탓에, 한 가지 풍조로써 전국을 멍석말이할 수 없는 나라이거니와, 조선은 좁고 긴 반도이므로 한 가지 운동으로 사회 모두를 곶감 꼬치 꿰듯 할 수 있는 사회니, 즉 3·1 운동 이후 신시·신소설의 성행이 다른 운동을 모두 없애 버린 것이 아닌가 하였다.

선생의 글이 한국 내에서 발표되고 그 소식이 전해지자 최남선[23]이 운영하는 〈시대일보〉는 고국으로 부디 돌아오라는 연락을 하기도 했습니다. 3·1 운동 이후 일본의 교활한 문화 통치[24]의 빈틈 속에서 신채호 선생이 활동할 공간이 있다고 생각한 모양이었습니다. 그러나 선생은 이를 거절했습니다. 중국에서 고국으로 떠나보낸 가족에 대한 그리움이 없는 건 아니지만, 베이징에서 해야 할 일이 이호영의 말대로 차고도 넘쳤습니다. 그중에는 다물단과의 관계도 있었습니다. 이호영의 넷째 형인 우당 이회영과 이미 잘 알고 있는 유자명 등이 함께하는 다물단은 이젠 선생과 뗄 수 없을 만큼 깊은 관계로 발전했습니다. 관음사에서 돌아온 이후까지 선생은 그들에게 〈다물단 선언문〉을 써 주었습니다. 베이징 대학 부근에서 단원들을 대상으로 우리 역사에 대해 강의도 하면서 앞날을 준비하고 있었습니다.

그즈음 다물단은 중요한 일 하나를 계획하고 있었습니다. 베이징에서 버젓이 활동하고 있는 일본의 밀정을 제거하는 일이었습니다.

"이 일은 자네들만의 힘으로는 성공하기 어려울 듯싶네."

"무슨 말씀이십니까? 선생님, 저희는 이미 갖추어야 할 것들을 대부분 마련했습니다."

"그렇겠지. 그걸 의심하는 게 아닐세. 무기와 계획 다 준비되었겠지. 하지만 그 일에 직접 나설 사람은 누구인가?"

"나서려는 동지들이 하나둘이 아닙니다."

"그 젊은이들은 총을 들고 적 앞에 서 본 경험이 있는가? 방아쇠를 당겨 본 적이 있는가? 이런 일은 오랜 시간 훈련받고 경험 있는 사람이 반드시 함께해야 한다네."

"그럼, 혹시 그런 사람을 알고 계십니까?"

"잠깐만 기다려 보게. 내 한번 알아봄세."

선생은 지호를 생각했습니다. 벌써 소식이 끊어진 지 2년이 다 되어 가고 있었습니다. 선생은 문득 지호가 떠나며 놓고 간 주소가 생각났습니다. 절에 들어가면서도 버리지 않았던 그 주소를 가방 속에서 어렵지 않게 찾을 수 있었습니다. 지현우. 여자인지 남자인지 모를 이름이 주소 끝에 붙어 있었습니다. 선생은 그 이름을 한참이나 들여다보다가 결심을 굳힌 듯 종이를 꺼내 편지를 쓰기 시작했습니다.

[20] 1842~1921년. 러시아의 혁명가. 사유 재산과 불평등한 소득을 거부하는 '무정부적 공산주의'를 주장했다.

[21] 1854~1938년. 독일 사회 민주당 지도자이며 마르크스주의 이론가이다.

[22] 〈낭객(浪客)의 신년 만필(新年漫筆)〉 중에서. 제목은 '떠돌아다니는 사람이 새해를 맞이하는 느낌을 담은 특별한 형식이 없는 글'이란 의미이다.

[23] 1890~1957년. 신문학의 개척자이며 계몽 운동가이다. 3·1 운동 당시 독립 선언문의 기초를 쓰기도 하였으나, 일제 강점기 말에 일본을 위한 학도병 모집에 나서는 등 적극적으로 친일 행위를 벌였다.

[24] 1919년 3·1 운동의 전 민족적인 규모에 놀란 일제가 1920년대에 들어 그동안의 무자비한 폭력 통치의 방법을 바꾸어 우리 민족을 이간질하고 친일파를 양성하기 위해 벌인 기만적인 회유 정책이다.

8

김천

지호는 가만히 옆구리의 상처에 손을 가져갔습니다. 밤톨 두어 개
는 들어갈 만한 깊이 속으로 그때의 기억이 떠올랐습니다. 오랫동
안 몸을 키워 오면서 숱한 싸움을 마다치 않았지만 총에 맞는다는
것은 잊히지 않는 경험이었습니다. 무엇인가 강하게 때리는 듯 휘
청이게 하다가 날카로운 것이 몸으로 들어오는 듯한 느낌에 이어
다리가 풀렸습니다.

뒷문으로 나가다 마주친 일본 형사는 총을 꺼내 들었지만 한 번
도 사람을 향해 쏴 본 적은 없는지 순간 머뭇거렸습니다. 지호는 그
때를 놓치지 않았습니다. 날 듯이 달려들어 왼손으로는 총구를 잡
고 아래로 내리면서 오른쪽 팔꿈치로 형사의 관자놀이를 있는 힘껏
쳤습니다. 그러나 사람은 머리에 충격을 받으면 본능적으로 몸을
움츠리고 쥐고 있는 것을 놓지 않으려 한다는 것을 지호는 알지 못
했습니다. 형사는 의식을 잃는 순간 쥐고 있던 방아쇠를 꽉 쥐듯 당
겼습니다.

지호는 불에 덴 듯 뜨거운 옆구리를 확인할 틈도 없이 그를 질질 끌고 방 안으로 다시 들어왔습니다. 옷을 바꿔 입으려 하니 흐르는 피 때문에 경찰 제복도 소용이 없을 것 같았습니다. 지호는 늘 지니고 다니던 손수건을 주머니에서 꺼내 일단 상처를 틀어막았습니다. 신음 소리가 새어 나왔습니다. 지호는 상처 쪽을 다시 내려 보았습니다. 수놓인 붉은 글자가 피 속에 잠겨 가고 있었습니다. 지호는 손수건으로 더욱 단단히 상처를 막았습니다.

'살 수 있다, 꼭.'

피가 조금은 멎는 듯했습니다. 지호는 온 힘을 짜내 서둘러 옷을 바꿔 입고, 기절한 형사는 방문 쪽에 기대 두었습니다. 담장을 뛰어 넘어 들어오는 경찰들이 보였습니다. 연기와 비가 지호를 가려 주었습니다. 지호는 수가 너무 많아 오히려 우왕좌왕하는 그들 사이에 섞여 집을 빠져나왔습니다.

경성을 벗어나 거지꼴로 무작정 남쪽을 향하던 한 달여는 죽음을 넘나드는 길이었습니다. 지호를 도운 건 장돌뱅이와 거지들이었습니다. 그들은 지호를 옮기고 먹이고 숨기고 부축했습니다. 그러나 치료까지 가능하지는 않았습니다. 상처에선 냄새가 나기 시작했고 오른쪽 다리는 퉁퉁 부어 둘레가 허리만 해졌습니다. 그렇게 악착같이 김천에 이르러 현우의 집에 도착하자마자 지호는 정신을 잃었습니다. 어두운 밤, 사람의 몰골이라고는 찾아볼 수 없는 꼴로 지호가 나타났음에도 현우는 놀라지도 울지도 않았습니다. 언젠가 이런 모습을 보게 되리라고 예상이라도 한 듯, 지호를 어머니에게 맡기고 필요한 약초를 구하러 재빨리 산으로 내달렸습니다.

지호는 한 달이 넘게 정신이 돌아오지 못했습니다. 앓는 소리를 내다 가끔 큰 소리로 비명을 질러 현우 모녀를 놀라게 할 뿐이었습니다. 현우네 집이 동네와는 떨어져 있다고 해도 위험한 일이었습니다. 현우는 자신의 손수건으로 지호의 입을 막았습니다. 그리고 혹시라도 코로 숨 쉬는 게 불편하지는 않은지 밤새 콧김을 확인했습니다.

다친 곳은 옆구리뿐만이 아니었습니다. 어디선가 부러진 다리는 여러 군데 찢기기까지 해서 도저히 눈을 뜨고 볼 수 없을 정도였습니다. 현우는 긴 나무를 구해 다리를 고정하고 상처 곳곳에 고약을 발랐습니다. 현우의 정성이 아니었으면 지호는 끝내 절름발이로 남을 뻔했습니다. 그렇게 정신이 돌아오고 지호가 간신히 일어나 앉을 수 있게 되자 현우는 지호의 손을 꼭 쥐고 말했습니다.

"힘들겠지만 아무래도 여기에 더는 계실 수는 없을 것 같아요. 피 빨래를 하는 일이 너무 잦아서 남들이 이상하게 여기고 있는 듯해요. 마실 오는 손님들을 물리치기에도 마땅한 변명이 떨어져 가고 있고요. 조금이라도 움직일 수 있을 때 제가 준비한 곳으로 얼른 옮기시지요."

지호는 밤을 이용해 현우의 손에 이끌려 뒷산 깊숙이 버려진 암

자로 몸을 옮겼습니다. 현우는 언제 준비했는지 만일을 대비해 암자에서 다시 몸을 숨길 수 있는 지하 토굴까지 만들어 놓았습니다. 다행히 계절이 여름에 접어들고 가을을 기다리면서 먹을 것은 어렵지 않게 구할 수 있었습니다. 현우는 매번 달이 차고 기울어지기 전까지 두 번 정도를 찾아왔습니다. 그때마다 지호의 상태를 먼저 확인하고는 가져온 음식을 정리하고 계곡 깊숙이 빨래를 해 내걸었습니다.

지호의 상태는 쉽게 좋아지지 않았습니다. 제일 답답한 것은 다리였습니다. 부기가 빠졌다고는 하지만 뼈가 붙기까지 지팡이 없이는 온전히 발을 디딜 수 없었습니다.

"마음을 편히 가지세요. 어쩌면 병에 가장 좋은 약은 마음일 거예요. 상처에 가장 좋은 약은 세월이고요."

자꾸 먼 산을 바라보며 한숨을 쉬는 지호에게 현우는 말을 건넸습니다. 그러나 지호는 소식이 끊긴 동지들의 일이 궁금해서 미칠 것 같았습니다. 자기 맘대로 움직여지지 않는 다리처럼 자신의 신세가 줄에 묶여 있는 개와 같다는 생각이 들곤 했습니다.

그러다 가을에 들어 일본에 큰 지진이 나고 그 지역에 있던 6,000명이 넘는 한국 사람들이 말도 안 되는 유언비어 속에 끔찍하게 죽어갔다는 소식을 들었습니다. 지호는 화가 치밀어 견딜 수 없었습니다. 당장에라도 일본에 건너가 수많은 동포들의 복수를 위해 일본 왕궁에 폭탄이라도 던지고 싶었습니다.

"폭탄을 던져 일본 왕을 죽인다 해도 결국 남는 게 무엇이죠? 당신은 목숨을 잃을 테고 우리 동포들은 더 큰 차별과 고통을 겪을 거예요."

현우의 말은 틀리지 않았습니다. 신채호 선생의 말대로 적에 대한 공격은 폭력을 수반할 수밖에 없음을 잘 알고 있지만, 현우가 말하고 자신이 생각했듯 그에 따르는 희생은 너무 컸습니다. 일본으로부터의 해방이라는 근본적인 목표에도 얼마나 도움이 되는지 궁금해지기 시작했습니다.

그러던 1월에 의열단 동지 김지섭이 일본에까지 건너가 왕궁에 폭탄을 던졌다는 소식을 듣게 되었습니다. 지호는 자신이 했으면 하던 일이 실제로 벌어지자 놀랄 수밖에 없었습니다. 그러나 이 사건으로 일본의 경찰 수뇌부가 대대적으로 쫓겨나고 온 신문이 기사를 써댈 만큼 일본이 놀랐다고는 해도, 폭탄이 제대로 터지지 않아 일왕은 털끝 하나 다치지 않았고 김지섭은 체포되어 모진 고문을 받고 있을 것이었습니다. 그렇다면 이 일이 과연 어떤 의미가 있는지, 우리에게 어떤 도움이 되었는지 지호는 정확하게 알고 싶었습니다.

'신채호 선생님이 곁에 계신다면……'

겨울이 지나 다시 봄을 맞게 되면서 지호는 본격적으로 몸을 회복하기 시작했습니다. 빠르게 달리고 높이 뛸 수 있게 되었습니다. 사냥을 통해 먹을 걸 구하는 일은 하나의 훈련이 되어 동물을 본떠 자기 몸을 지키는 일에 더욱 눈을 뜰 수 있었습니다.

그 무렵부터 지호는 현우에게 글을 가르치기 시작했습니다. 생각하면 여전히 답답하기만 한 의열단에 대한 생각을 잊고 현우와 있으면 너무나 빠르게 지나가는 시간을 늦추고 싶어 시작한 일이었습니다.

"글을 알아야 해. 그래야 내 소식을 전해 줄 수 있어. 멀리서도 네 이야기를 들을 수 있어. 글은 말과 달라서 나를 더 뚜렷하게 보이게 할 거야. 너를 더 가깝게 느끼게 해 줄 거야."

글을 배우자는 말이 언젠가는 헤어질 거라는 말처럼 들려 처음에 현우는 내키지 않아 했습니다. 그러나 무슨 마음인지 곧 생각을 고치더니 쓰고 읽는 일에 열심을 냈습니다. 현우는 글 연습을 할 때면 한 글자 한 글자 그 글이 곧 지워지기라도 하는 듯 혀에 연필을 먼저 대고 나선 종이에 꾹꾹 눌러 가며 글씨를 썼습니다. 지호는 금방 까맣게 변하는 혀를 보며 현우를 놀리기도 했지만, 현우가 산에서 내려갈 때쯤이면 지호의 입도 검게 변해 있곤 했습니다. 좋은 시간이었습니다. 좋아서 안타까운 시간이었습니다.

9

금가락지

무원은 황옥을 제거하고 그 자리를 차지한 이후에도 지호의 흔적을 찾아다녔습니다. 지호의 흔적은 쉽게 발견되지 않았습니다. 지호가 그 자리에 있었다는 걸 알 리 없는 종로 경찰서에 도움을 요청할 수도 없고 그러고 싶지도 않았습니다. 혼자서 수소문하는 일은 더뎠고 결과도 마땅치 않았습니다. 지호를 찾는 유일한 연결 고리인 경찰 제복에 대해 처음에는 다들 '어디로 사라졌을까' 의아해하는 눈치더니, 압수한 폭탄의 숫자와 그만큼 많은 포상으로 그나마도 잊어 가는 듯했습니다. 하지만 무원은 잊지 않고 있었습니다. 수소문한 바에 따르면 분명 그날 피를 흘리며 현장을 빠져나가는 경찰을 봤다는 동네 사람이 여럿이었고, 경찰서 내에서 그런 부상을 당한 자는 없었습니다.

'빗발치듯 쏟아부은 총알 속에서 분명히 부상을 입었을 텐데 그 몸으로 멀리 가지는 못했을 거고…… 그렇다면 도중 어딘가에서 죽었다는 얘긴가?'

무원은 아무리 생각해도 지호가 현우를 찾아 그 몸으로 고향 쪽으로 내려갔다고 추측할 수 없었습니다. 지호에 대한 생각에 골몰해 있을 즈음 상주 집으로부터 연락이 왔습니다. 아버지가 돌아가셨다는 소식이었습니다.

무원은 사실 그리 슬프지도, 고향에 내려가고 싶지도 않았습니다. 그러나 종로 경찰서 안에서 자신을 둘러싸고 떠도는 뒷공론 때문에 지금 당장은 경성을 떠나고 싶기도 했습니다.

"출세하려면 김무원 경부처럼 해야 돼."

"동족이고 뭐고 걸림돌은 무조건 빼 버리는 솜씨…… 하여튼 무서운 사람이야."

더구나 아직 종로 경찰서에는 황옥과 친분을 맺었던 사람들이 남아 있었습니다. 지금은 황옥이 체포되어 재판 중이라 쉽게 자기를 드러내지 않았지만, 무원이 불리한 상황이 되면 당장 물어뜯을 인간들이었습니다.

'내려가자. 잠깐이라도 자리를 비우고 오면 좀 잠잠해지겠지.'

무원은 아버지의 장례에 참석하는 일보다 현우를 잠깐이라도 볼 수 있다는 생각에 힘을 냈습니다. 지호의 피가 묻은 현우의 손수건. 그걸 직접 전해 주면 지호에 대한 현우의 마음을 접게 할 수 있겠다 싶었습니다. 무원은 사무실에서 한바탕 크게 우는 척하곤 곧 경성역으로 향했습니다.

고향 집은 아버지의 장례로 그 넓은 집에 앉을 자리가 없을 정도로 사람들이 붐볐습니다. 그러나 오래 머무는 사람은 없었습니다. 무원은 최선을 다해서 곡을 하는 시늉을 했고, 일부러 슬픔에 겨운 듯 식사를 거르기도 했습니다. 사람들은 건성으로 무원을 칭찬했고 무원은 겉으로만 겸손했습니다.

길고 복잡하고 지루한 장례 절차가 마무리되고 집을 떠나기 전날 밤이었습니다. 무원은 그날따라 평소에는 잘 마시지 않던 술을 한잔하고 집 안을 둘러보았습니다. 이 많은 재산이 다 자기 것이 되었다는 생각에 잠깐 기쁘기도 했지만, 왠지 자신은 그걸 누려 보지도 못할 것 같았습니다. 이번에 경성으로 올라가면 다시는 내려올 것 같지도 않았습니다. 그런 생각에 닥치는 대로 집 안의 여러 문들을 열고 들어서다가 길가 쪽 아버지 약방 앞에 서게 되었습니다. 일본이 주는 허울뿐인 관직에 올라 사람을 고치는 일은 손 놓은 지 오래된 듯, 처마 밑에는 거미줄이 적지 않았고 못 쓰게 된 집안 살림살이가 여기저기 어지럽게 쌓여 있었습니다.

무원은 방문을 열고 들어갔습니다. 어릴 적 맡았던 익숙한 한약 냄새가 제일 먼저 달려왔습니다. 좋은 햇살 속에서 이곳에 앉아 병든 사람을 진찰하는 아버지를 지켜보던 때가 있었습니다. 자주는 아니어도 손님이 없을 때는 아버지 무릎에 머리를 기대고 아무 걱정 없이 잠든 적도 있었습니다. 아버지 옷에서는 한약 냄새가 났습니다. 무원이 살포시 잠이 들면 아버지는 마치 장님인 듯 무원의 얼굴을 하나하나 짚어 보곤 했습니다. 그 모든 기억이 은은한 한약 내음 속에서 무원을 어린 시절로 데리고 갔습니다.

아버지가 불쌍하다는 생각이 처음으로 스쳤습니다. 고맙다는 생각도 들었습니다. 그래서 어른이 된 후로 아버지 앞에서는 한 번도 하지 않던 일을 했습니다. 무원은 잠깐 울었습니다. 그렇게 서둘러 눈물을 닦고 나오려다 문득 생각이 미치는 곳이 있었습니다.

비상(砒霜).

제일 구석에 있는 약장을 열자 맨 아래에서 나온 이름이었습니다. 가래를 없애는, 숨이 찰 때 쓰는 약이지만 많이 쓰면 독이 되는 약. 어릴 적부터 무원은 약초는 몰라도 독약은 잘 알았습니다. 어릴 적 아버지는 아픈 사람들이 드나드는 이곳에 무원이 들어와도 대부분은 무덤덤했지만, 책장으로 갈라놓은 방 뒤쪽으로 들어갈라치면 환자에게 침을 놓으려 하다가도 벌에 쏘인 사람처럼 벌떡 일어나 무원의 팔목을 꽉 쥐었습니다. 그리고는 절대 손대지 말아야 할 약봉지를 가리켰습니다. 결과적으로 독약이 어떤 것인지를 가르쳐 주는 것과 같았습니다.

무원은 현우를 마음에 두기 시작하면서, 현우의 마음이 지호에게 기울고 있다는 걸 알기 시작하면서 저 중 한 봉지를 가져다 지호가 먹는 밥에다 섞고 싶다는 욕망을 참기 힘들었습니다. 실제로 밤에 몰래 들어가 한 움큼을 쥐어다 숨겨 놓은 적도 있었습니다. 그걸 발견한 아버지는 개에게만 하던 매질을 처음으로 무원에게도 퍼부었습니다. 술에 취하지도 않았는데.

"네가 이길 수 있는 방법이 겨우 이거였더냐? 못난 놈. 넌 참으로 못난 놈이었구나. 나처럼. 어쩌면 나처럼 그렇게 못난 놈일 수가 있는 게냐."

하지만 그때도 무원은 옳은 일이 이기는 것이 아니라 이기는 것이 옳은 일이라 생각했습니다. 아버지의 매질을 개처럼 견디며 다시 이런 매질을 당한다 해도 지호를 이기고 싶다고 생각했습니다.

아버지가 세상을 뜨고 아무도 이 약에 손대는 걸 막을 수 없는 지금, 무원은 이 약이 드디어 자신에게 도움이 될 때가 왔다고 생각했습니다. 결국 이 약이 어떤 결과를 가져올지 알지 못한 채 약봉지를 통째로 들고 나왔습니다.

* * *

현우에게 이제 산은 'ㅅ'이고 꽉 찬 달은 'ㅇ'이었습니다. 낫은 'ㄱ'이기도 했고 'ㄴ'이기도 했습니다. 글자가 눈에 들어오고 있었습니다. 덩달아 세상이 눈에 들어왔습니다. 그 세상은 지호가 속한 세상이었고 현우가 따라가기에는 너무 넓은 세상이었습니다. 그래도 현우는 겁나지 않았습니다. 지호가 겪고 있는 고통에 한발 더 들어간 것 같은 느낌이었고, 그 아픔은 같이하는 아픔이었기에 견딜 만했습니다.

그날도 배운 글자들을 떠올리며 서둘러 산에서 내려와 집으로 들어서던 중이었습니다.

"나물이라도 캐 오는 거니?"

집 마당에 서 있는 무원을 보는 순간, 현우는 심장이 멎는 듯했습니다.

"도련님……."

"도련님은 무슨. 신분 구별 없어진 지가 강산이 바뀌어도 세 번은 뒤집어졌을 시간이다. 이제 그런 말은 집어치워도 돼."

"그래도……."

무원은 빙긋 웃었습니다.

"소식은 들었습니다. 찾아뵙지 못해 죄송할 따름입니다."

"아니야, 아니야. 이곳 김천에서 상주가 100리 길인데 여자 혼자 몸으로 올 거리가 아니지. 그건 그렇다 치고 어떻게 살림은 살아 낼 만한지 모르겠네. 종일 인기척이 없는 걸 보니 네 어머니 김천댁은 오늘도 여전히 남의 집 일을 해 주는 모양이지?"

"저희 모녀 먹고사는 일은 도련님이 걱정하실 게 아닙니다."

현우의 무 자르듯 하는 말에 무원은 울컥 화가 치밀었습니다. 하지만 여기서 산통을 깰 수는 없었습니다.

"이거 받아라."

무원이 짐짓 건네는 크지 않은 상자를 열어 보다가 현우는 다시 한번 숨이 턱하고 막혀 왔습니다. 상자 안의 내용물을 싸고 있는 것은 바로 자신의 손수건이었습니다. 그것도 검게 변한 핏자국이 뚜렷하게 남아 있는 손수건이었습니다. 지호에게 손수건이 어떻게 어디서 사라졌다는 것은 이미 들었지만, 이게 그동안 무원의 손에 들어 있었다는 걸 알게 된 순간 덜덜 떨리는 손을 멈출 수 없었습니다. 현우는 간신히 손수건을 끝까지 풀어 보았습니다. 큼지막한 금가락지 한 쌍이 들어 있었습니다.

"선물은 두 가지다. 원래 너의 것과 이제 아버지에게서 내 것이 된 것. 그걸 낄 사람도 나의 사람이 되어 주면 좋겠다."

"상을 치르신 지 얼마나 되었다고 이곳까지 오셔서 농담을 하십니까? 저는 받을 수 없습니다. 다만 원래 제 것이었던 것만 가져가겠습니다."

"현우야, 그 손수건이 말해 주는 게 무엇인지 모르겠니? 네가 기다리는 사람은 이제 오지 않는다는 뜻이야. 올 수 없게 되었다는 말이라고."

현우는 이 손수건이 쓰였을 상황이 머리에 그려졌습니다. 그 먼 곳에서 망가진 몸으로 자신을 찾아온 지호의 마음이 어떤 것인지도 눈에 보이는 듯했습니다. 왈칵 눈물이 쏟아지려는 것을 현우는 가까스로 참아 내고 있었습니다. 그러나 지금 당장 급한 건 무원을 이곳에서 내보내는 것이었습니다. 더 이야기를 나누다가는 가까운 곳에 지호가 숨어 있다는 걸 들킬 것 같은 두려움도 밀려 왔습니다.

"알겠습니다. 주신 귀한 물건은 소중히 간직하겠습니다. 허나 지금은 제 어미의 몸도 성치 못하고 도련님 역시 상중(喪中)이시니 내년쯤 해서 별것 없는 가산(家産)이라도 정리한 후 경성으로 올라가겠습니다."

무원은 자기 계획이 제대로 들어맞았다고 생각했습니다. 현우의 눈물이 지호를 단념하고 자신에게 오는 시작이라고 생각했습니다. 지금이 확실한 쐐기를 박아야 할 때인 듯싶었습니다.

"그놈을 향한 미움으로 난 여기까지 왔다. 그 미움의 시작이 너여서 난 더 힘을 낼 수 있었어. 너만 내게 와 준다면 그 미움은 없어질 거다."

"도련님, 미움은 힘을 주지만 이기게 할 수는 없습니다."

"이기고 싶다고 생각한 적 없다. 지지 않겠다고 이를 악물었을 따름이지. 갖지 못해도 좋다고 생각한 적도 있었다. 하지만 주지는 않을 거라고 다짐해 왔어."

현우가 아무 말이 없자 무원은 자기의 마음이 통했다고 생각했습니다. 시계는 이미 시간이 많이 늦었음을 알려 주고 있었습니다.

"내년이다. 오지 않으면 내가 데리러 오겠다. 그럼……."

무원이 등을 돌리자 현우는 그 자리에 털썩 주저앉았습니다. 이 일을 어찌해야 할지 눈앞이 캄캄했습니다. 한 가지 확실한 것은 무원이 여기까지 왔다는 사실을 지호에게는 말하지 않아야 한다는 것이었습니다. 차를 끌고 와 멀리 서서 무원을 기다리던 경찰들 때문이기도 했고, 지호가 당장에라도 떠날 것 같은 두려움 때문이기도 했습니다.

* * *

현우가 가끔 가져다주는 신문에서 지호가 신채호 선생의 글을 발견한 건 새해에 접어들기 시작한 지 얼마 되지 않아서였습니다. 아무리 몸이 날랜 현우라 해도 눈으로 길이 덮인 산을 오르는 일은 무리였습니다. 맑은 날을 골라 한 달여 만에 모습을 드러낸 현우는 어두운 얼굴로 신문 한 장을 내밀었습니다. 〈낭객의 신년 만필〉이라는 신채호 선생의 글이 실린 신문이었습니다. 지호는 반갑게 읽으면서도 왠지 중간중간 자신에게 주는 말인 것 같아 부끄러웠습니다.

설혹 학업을 성취할지라도 학교의 교사가 되거나 혹 외국인 사회의 직원이나 되어 자기의 먹고살 입이나 지킬 뿐이요, 설혹 해군·육군·비행대의 장교가 될지라도 그 소득의 월급으로 자신과 가족의 따뜻하고 배부른 삶이나 경영하며 가난하고 어려운 동포를 오만하게 쳐다보니, 이렇듯 뜻 없는 자의 지식이 어디 쓸 데 있으랴.

현우가 없는 시간에 지호는 나무에 오르고 바위를 타고 짐승을 쫓으며 독하게 몸을 만들었습니다. 의열단과 독립운동에 대한 어지러운 생각을 정리하기 위해 어렵게 구한 책들을 읽고 또 읽으며 정신을 버리고 눈을 똑바로 뜨려 했습니다. 그 모든 건 다시 싸우기 위한 준비였습니다. 결국에는 떠나기 위한 일들이었습니다. 그러면서도 현우를 기다리는 시간은 목말랐고, 만나게 되면 고갯짓 한 번에 그림자 방향이 바뀌어 있었습니다. 문득문득 '이대로라도 좋겠다…….' 하는 마음이 없었다면 거짓말이었습니다. 따뜻함이 주는 안심, 다가올 일을 계획하는 즐거움, 곁에 있으면 좋은 사람. 손만 뻗으면 닿을 것 같은 이 꿈같은 하루하루가 벼룩에 물린 것처럼 간지럽기 시작할 때였습니다.

"읽었구나?"

"네."

"그런데 왜 내게 이걸 가져다주는 거지?"

"언제까지 여기에 숨어 있을 수 있다고 생각하지 않았어요. 그리고……."

현우는 편지 한 장을 더 내밀었습니다.

"제 이름으로 왔길래 먼저 뜯어 봤어요."

지호는 중국 소인이 찍힌 걸 보고 처음에는 의열단에서 보냈다고 생각했습니다. 그러나 이곳 주소를 알려 준 사람은 신채호 선생한 분뿐이라는 생각에 미치자 단번에 무슨 내용인지 알 수 있었습니다. 읽는 데 오래 걸리지는 않았습니다. 지호는 편지를 내려놓고 가만히 현우에게 다가가 현우의 머리를 가슴에 안았습니다. 현우는 무슨 말인가를 하려다 조용히 새소리를 냈습니다.

"지빠귀 소리…… 기억할게."

"빨리 떠나세요. 그래야 빨리 돌아오시겠지요."

10

밀정에게
고함

지호가 경성을 거쳐 베이징에 모습을 드러낸 것은 2월이 다 끝나고 3월이 시작되려는 즈음이었습니다.

"선생님, 저 왔습니다."

"이런 이런! 내가 편지를 보내 놓고 답이 없어 괜한 짓을 했나 보다 하고 있었는데 자네가 정말 이렇게 나타나다니…… 정말 반갑네, 반가워."

"전 이미 1월에 선생님께서 쓰신 글을 보고 잘 지내시는 줄 알고 있었습니다. 더구나 편지까지 보내 주시니 이미 그때 반가움은 차고 넘쳤습니다. 그래도 이렇게 직접 뵙게 되니 저 역시 너무나 기쁩니다."

"그래그래, 자네에게 해 줄 얘기가 참으로 많다네. 들어야 할 얘기도 많고."

"네, 선생님. 그동안 저도 선생님께 여쭙고 싶은 것이 참 많았습니다."

"그래? 여러모로 잘된 일이군. 하하. 어서 들어가세."

이호영의 하숙집에서 신채호 선생과 같이 베이징 생활을 시작한 지호는 그동안 연락이 끊겼던 많은 의열단 동지들과 다시 만났습니다. 신채호 선생의 〈조선 혁명 선언〉이 알려진 이후 그에 호응한 단원들이 많이 늘어나 모르는 얼굴도 여럿이었습니다. 그러나 안면이 있건 없건 평소 감정을 잘 드러내지 않는 그들도 놀라고 기뻐하고 울고웃었습니다.

"아니, 이 상처는 나중에 폭탄을 숨기려고 일부러 만든 건가?"

지호는 자기 옆구리 상처를 보면서 건네 오는 농담을 들으며 자신이 돌아와야 할 곳에 다시 돌아왔음을 실감했습니다. 하지만 이곳에서는 훈장이 되는 상처가 한때는 현우의 눈물을 담던 흉터였다는 것을 잊지 않았습니다.

의열단원 외에도 지호가 만나야 할 사람은 많았습니다. 다물단을 비롯해 다른 많은 선후배 독립운동가들을 만나면서 바쁜 시간을 보냈습니다. 그러면서 신채호 선생이 자신을 부른 이유도 차차 알게 되었습니다.

"김달하라는 자는 도대체 어떤 자입니까?"

"벌써 대충은 얘기를 들은 모양이군. 나라가 망하기 전에는 서우학회[25]란 곳에도 얼굴을 들이밀며 이름을 쌓았는데, 여기 중국으로 온 이후에 겉으로는 돤치루이란 친일 군벌 밑에서 부관으로 있으면서 뒷구멍으로는 10년 넘게 총독부 밀정 짓을 해 온 자이네. 그 대가로 엄청난 돈을 벌어 지금은 베이징 시내의 번듯한 집에서 식솔들을 데리고 호의호식하고 있지.”

“그런데 그런 놈을 어떻게 지금까지 그냥 두었단 말입니까?”

“글쎄 말일세. 워낙에 속은 사람이 한둘이 아니고 조금씩 소문이 있었어도 다들 설마 했으니까. 그놈의 처제가 김활란[26]이란 여자인데, 한 4년 전에 이상재[27] 선생을 모시고 베이징에서 열린 만국기독교 청년대회에 참가한 일이 있었지. 그때 이상재 선생이 그놈 집에 머물면서 깜빡 속으신 모양이야. 워낙 번지르르한 생김새에 글도 잘 쓰고 아는 것도 많아 대화가 될 법한 상대라 생각하셨나 보네. 그래서 선생께서 심산 김창숙[28]에게 그자를 소개해 주고 심산은 또 우당 형님에게까지 다리를 놓아 주고. 그 바람에 그자가 베이징에서 움직이는 우리 동지들 사이로 깊숙하게, 그것도 아주 손쉽게 접근할 수 있었지.”

“그동안 우리 내부를 속속들이 보고 있었던 셈이군요. 그런데 그자의 정체는 어떻게 알게 된 겁니까?”

“얼마 전 심산을 동정하는 척하며 자기가 조선 총독부 경학원[29]의 부제학 자리를 줄 수 있으니 귀국하는 게 어떻겠냐고 넌지시 권했다고 하더군. 심산은 비로소 그때야 그게 자신을 회유하려는 수작인 줄 깨달았지. 그래서 의열단에 그놈을 처단해 달라고 부탁해 왔던 것이네. 거기에 그놈을 처단하기 위해 진즉에 준비하고 있던 다물단이 합류한 것이고."

"그동안 동지들이 그렇게 많이 잡혀가고 변절했던 이유가 그럼…… 그런 놈이라면 하루라도 빨리 없애 버려야 하지 않겠습니까?"

"물론 그래야지. 그러려고 자네를 여기까지 오게 한 거네. 의열단에서 자네 말고도 사람을 보내긴 하겠지만, 자네는 이곳 지리를 좀 더 익혀야 할 것 같아. 다물단 젊은이들은 아직 경험이 별로 없으니 조금만 더 준비하며 기회를 마련해야겠지."

지호는 신채호 선생의 부탁에 따라 일단 다물단의 몇몇 젊은이를 불러 간단한 총기 훈련을 시키기로 했습니다. 그러나 총을 분해하고 조립하는 간단한 교육을 끝내고 실제로 사격을 해 보려고 하자 베이징 시내에서는 마땅히 훈련할 장소가 없었습니다. 더구나 실제로 훈련할 수 있는 총이나 총알도 터무니없이 모자랐습니다. 어렵게 훈련을 이어 나가던 중에 의열단에서 지호보다 열 살이나 많은 이종희가 찾아왔습니다.

"지호, 단재 선생님을 통해 이야기는 들었겠지? 시간이 별로 없네. 베이징에 김달하가 밀정이라는 소문이 퍼지면서 그걸 전해 들은 그자가 몸을 사리는 모양이야. 자칫하면 이곳을 떠나 몸을 피할 수도 있겠어. 그러니 다물단을 돕는 것은 나중으로 잠시 미루고 나와 같이 계획된 일을 먼저 하는 게 좋겠네."

지호는 밀정을 제거하는 일은 몸 안의 독을 빼내는 것과 같다고 생각했습니다. 적과 싸우기 전에 내 몸을 먼저 제대로 만드는 일처럼 중요했습니다. 또한 붙잡혀 간 동지들을 위한 복수이기도 했고, 붙잡혀 갈 동지를 미리 구하는 길이기도 했습니다. 무엇보다 우리 쪽의 희생이 적은 일이었습니다.

흙먼지가 뒤덮던 베이징의 어느 봄날 저녁 무렵, 두 사람은 지는 해를 바라보며 김달하의 집으로 향했습니다.

* * *

찾아 왔던 괴이한 청년들이 가고 난 뒤에 유혈 참사, 죽은 지 두 달 만에 소문이 드러난 재북경 일 밀탐 김달하 피살 사건[30]

무원은 보고 있던 신문을 구겨 버렸습니다. 황옥을 치워 버린 후 어렵게 어렵게 황옥이 갖고 있던 독립운동 쪽의 정보망을 다시 만들어 놓았는데 그중 하나에 큰 구멍이 뚫린 것이었습니다. 일본의 인정을 받기 위해, 아니 마루야마 국장의 미심쩍은 눈길을 돌리기 위해 별별 수단과 방법을 가리지 않고 선을 대어 놓은 인물을 잃어버린 것입니다.

북경에서 오랫동안 머무르는 조선 사람들로부터 크게 주목을 받아 오던 김달하가 죽었다는 소문이 며칠 전 세상에 드러나게 되었다. 죽은 지가 벌써 두 달이나 된 오늘에야 이 비밀이 알려진 걸 보면 얼마나 많은 관계자가 이 사실을 감추려고 애를 썼는지 알 것이다. 김달하는 본래 조선에서 학교 교사로 있다가 지금으로부터 10년 전에 총독부의 은밀한 명령에 따라 베이징으로 간 후 지금까지 자기 임무에 충실했던 자인데, 그동안 수없이 많은 청년을 잡아 주기도 하였고 대단히 위험한 땅에 드나들기도 하였다.

김달하 말고도 밀정은 많았습니다. 경성 안의 신문사나 학교에 들어가 있는 밀정부터 만주 쪽을 담당하는 평안북도 경찰서 소속 밀정까지, 무원은 관리하는 밀정들로부터 올라오는 보고를 판단하고 분류하는 데만도 하루가 모자랄 지경이었습니다. 그중에 김달하는 워낙 일을 시작한 지 오래되었고 맡은 일에 실수가 없었습니다. 밀정이라 해도 다른 자들과는 급이 달라 크게 신경 쓰지 못하고 있던 것이 불찰이었습니다. 그러나 아무리 그렇다고는 해도 자신이 지금까지 몰랐다는 것은 이상한 일이었습니다. 진즉에 불호령이 떨어졌을 일에 위로부터 아무런 질책도 없었다는 것도 납득할 수 없었습니다.

'가만…… 그렇다면 나를 빼고 윗선으로 직접 연락하는 놈들이 따로 있다는 얘긴데…… 그래서 마루야마 국장님은 이걸 미리 알고도 나에게 얘기하지 않았군. 이걸 어쩌면 좋을까.'

무원은 안 그래도 찌는 더위에 식은땀까지 흐르는 기분이었습니다. 그러나 그런 걱정은 나중 일이었습니다. 신문에 나올 정도로 이렇게까지 공개적으로 밀정이 처단되면 다른 밀정들이 동요할 것은 불을 보듯 뻔한 일이었습니다. 그자들이 겁에 질려 하나둘씩 빠져나가면 자신의 발밑도 점점 허물어질 게 분명했습니다. 그들을 안심시키고 더 달달한 당근, 아니면 더 아픈 채찍을 준비하는 일이 무엇보다 급했습니다. 저 위에서 자기를 꼼꼼하게 지켜보고 있을 마루야마에게 밀정 중 한 명이라도 더 빠져나갔다는 보고가 올라가면, 그동안 아버지의 후원으로 시작된 이 자리가 날아가는 것은 일도 아니라는 데까지 생각이 미쳤습니다. 일단은 사건을 정확하게 알아보는 게 급선무였습니다. 무원은 구겼던 신문을 다시 폈습니다.

어떻게 죽었는지 자세한 상황을 알 수는 없으나 가족들이 전하는 말을 따르면, 어떤 날 젊은 청년 두 사람이 주인을 찾아와서 급히 볼일이 있다 하므로 의심 없이 들어오라 하였다. 청년들은 한참 이런저런 이야기를 하다가 집안사람들에게 하는 말이 주인과 급히 비밀리에 할 말이 있으니 잠깐 안으로 들어가 달라 했다. 그래서 의심 없이 다 안으로 들어갔는데 그런 후에 시간이 꽤 오래 지나도 아무 소식이 없으므로 나가 봤더니 청년들도 주인도 없으므로 무슨 일을 의논하려고 나갔나 보다 하고 의심도 하지 않았다. 집안사람들은 저녁때가 되도록 주인이 들어오지를 않아 한참을 기다렸는데, 저녁에 며느리가 외마디 소리를 지르며 들어오기에 부엌에 나가 보니 주인을 목매어 죽인 시체가 피에 쌓여 아궁이 속에 있으므로 크게 놀랐다. 그 청년들이 한 짓이 분명하여 즉시 경찰에 알려 수색하였으나 우리는 청년들 이름도 모르고 얼굴도 한 번 본 것을 잘 기억할 수 없고 경찰에서도 아직 아무 소식이 없다고 한다. 주인이 죽은 후로는 10여 식구를 지금은 돌봐 줄 사람도 없고 또 총독부에서도 10여 년이나 이용한 공을 생각이라도 해 주련만 그것도 없으니 이제는 거지가 될밖에 없는가 보다고 가족들은 말하였다. 북경 일반 사회에서는 아직까지 김달하 사건의 진상을 그 이상 알지 못한다고 한다.

대담하고 거침없는 일이었습니다. 집에까지 찾아갈 정도면 누구나 이 일을 알 수 있도록 일부러 계획한 것이 틀림없었습니다. 무원은 "괴이한 청년들"이란 말을 한참 들여다보았습니다. 생각하긴 싫지만 왠지 그들 중 하나는 지호인 것 같았습니다.

'그래, 차라리 살아 있어라. 그래야 나를 만나지. 그래야 내가 내 눈으로 네 끝을 확인할 수 있지.'

무원은 책상을 열고 곱게 갈아 부피를 줄인 약봉지를 꺼냈습니다. 고향에서 가져온 독약에 일본에서 수입한 독을 더해 한 봉지로도 충분히 여러 사람을 죽일 수 있는 약을 만들어 둔 것이었습니다.

'너를 찾을 수 없다면 네가 제 발로 찾아오게 하면 되겠지. 현우를 내 곁에 두면 안 찾아오곤 못 배길 거다.'

해가 바뀌어도 약속대로 나타나지 않는 현우를 강제로라도 데려오면 상황이 자신에게 유리해지리라 생각했습니다. 무원은 전화기를 들고 김천 경찰서를 찾았습니다.

* * *

김달하를 처단한 이후 의열단이나 다물단 모두 두 달 정도 숨죽여 상황을 지켜보고 있었습니다. 소문은 은밀하게 퍼져 베이징의 한국인들뿐만 아니라 중국인들 사이에서도 알 만한 사람은 다 알 정도였는데도 이상하게 별 움직임이 없었습니다. 일본은 자기들이 나서면 김달하가 밀정이었음을 인정하게 되는 꼴이라고 판단했는지 발을 빼는 분위기였습니다. 일본에 적대적인 중국 경찰도 적극적으로 수배와 체포에 나서지 않았습니다.

상황이 어느 정도 정리된 듯하자 이번 일을 계획했던 이회영, 신채호, 유자명과 실행에 옮겼던 지호와 이종희 등이 이호영의 집에서 모였습니다. 제일 먼저 환갑이 넘은 이회영이 입을 열었습니다.

"수고했네. 이번 일로 중국에서 움직이던 밀정들이 크게 겁을 먹었다는 얘기가 들려오고 있네."

"맞습니다. 더구나 얼마 전 신문 〈경보〉에서는 이 사건을 알리면서 김달하를 '유명한 일본의 응견(鷹犬)'이라고까지 썼습니다. 사냥에 쓰는 매와 개 같다는 말이니 저들도 내심 통쾌해 하는 것 같습니다. 사정이 이러니 우리를 잡으려 하지 않을 듯싶습니다."

유자명이 유쾌하게 말을 보탰습니다.

"네, 모든 게 잘되었습니다. 앓던 이도 빼고 동지들도 무사하고. 하하하. 자, 오늘은 우리 형님을 비롯한 귀한 분들이 오랜만에 기쁜 일로 우리 집에 오셨으니 제가 준비한 변변치 않은 음식이라도 마음껏 드시고 천천히 말씀 나누시기 바랍니다. 종희, 지호. 무엇보다 자네들이 애썼네."

가난한 살림에 좋은 음식을 많이 준비하지 못했어도 사람들은 진수성찬을 받은 듯 기쁘게 음식을 들었습니다. 그러나 모임이 시작된 처음부터 지호의 얼굴은 밝지 않았습니다. 그런 지호를 신채호 선생은 잠깐씩 쳐다보았지만 왜 그런지는 묻지 않았습니다. 자리가 끝나고 모두 돌아간 뒤 지호는 신채호 선생의 방문을 두드렸습니다.

"올 줄 알고 있었네. 마음이 불편한 모양이지?"

"네, 선생님. 그자가 아무리 죽어 마땅한 자라 하더라도 그 가족들을 보고 온 이상 계속 마음에 걸립니다."

"무슨 말인지 알겠네. 하지만 우리가 저들 가족까지 염려해 줄 형편이 아니라는 것은 자네가 더 잘 알지 않나? 저 밀정들 때문에 아비를 잃은 우리 동지의 자식들을 생각하면 그런 말을 할 수는 없네."

"그건 저도 잘 알고 있습니다. 하지만 제가 혼란스러운 것은 사실 더 근본적인 문제 때문입니다. 이렇게 계속 단원 몇몇의 폭력 투쟁과 희생만으로 문제를 해결할 수는 없다는 생각이 자꾸 듭니다. 선생님 말씀대로 설사 그렇게 우리 뜻을 이룬다 해도, 광복된 조국을 계속 이런 방식으로 이끌어 갈 수도 없는 것 아닙니까?"

"그럼 지금 우리가 할 수 있는 일은 무엇인가? 교육이다, 문화다, 외교다 하면서 일본 놈들이 눈도 깜짝하지 않는 일에 매달리는 것인가? 폭력은 경험이네. 저들에게 역사적 경험을 안겨 주는 거지. 물론 대부분 실패하겠지. 그럼에도 난 일본 정부와 군대에, 그리고 그 앞잡이들에게 폭력의 쓰라림을 안겨 주고 싶다네. 그들이 먼저 우리에게 안겨 준 고통을 되돌려 줘야 한다고 생각하네. 아 이렇게 하다가는 우리도 아주 쓴 고통을 겪을 수 있다는 공포감. 난 그걸 주고 싶은 걸세. 그것이 바로 그들의 제동기 없는 폭주, 만행을 막을 수 있는 유일한 역사의 교훈 아니겠나? 그것이 바로 역사가 해야 할 일 아니겠나? 역사를 만들어 가는 우리가 해야 할 일 아니겠나? 뒤쫓아 역사를 기록하는 일에서 벗어나 역사를 만들어 가야 하는 일 아니겠는가 말일세."

"얼마 전 우연히 선생님 방에서 역사는 '아와 비아의 투쟁'이라는 원고를 본 적이 있습니다. 제 생각에 지금은 우리 '아'에 비해서 저들 '비아'의 힘이 너무 큽니다. 어린아이가 어른에게 맞서는 듯해서 그 아이가 크기도 전에 싹조차 꺾일까 저는 그게 두렵습니다."

"아와 비아의 투쟁에서 중요한 것은 무엇인가? 그것은 당연히 아, 즉 나 자신이지. 내가 아닌 적 '비아'를 먼저 보고 그 크기에 놀라고, 그 힘에 주눅 들고, 그 무기에 도망 다니다 보면 할 수 있는 일은 아무것도 없네. 주인으로서의 나, 대응해 오고 부딪혀 오는 것에 맞서는 나를 먼저 봐야 하네. 어린아이가 자기를 괴롭히는 어른에게 힘의 크기를 생각하며 비명 한 번 못 지르고 순순히 따라가다 보면 결국 그 아이는 무엇이 되겠나? 그렇게 자란 어른을 우리는 무엇이라 부를 수 있나? 바로 노예일세. 한 번도 싸워 본 경험이 없는, 시키면 시키는 대로 사는 노예 말일세. 우리 처지가 어린아이 같더라도 주먹이라도 한번 휘둘러 보고 안 되면 깨물기라도 해야 하네. 당장은 더 큰 매를 부르더라도 싸워 본 경험이 모여 쌓인 것, 그게 바로 역사라고 생각하네."

"그럼 우리 역사에서 그런 일을 경험한 적이 있었습니까? 항상 큰 나라 중국에 눌리고, 옆 나라 일본에 시달림을 당해 오지 않았습니까?"

"어허 이 사람, 큰일 날 소리를 하는군. 기록을 없애고 흔적을 지워서 그렇지 아주 많았네. 많은 만큼 많이 꺾이고 그렇게 꺾인 이후로 오래 힘들었지만 결국 그 경험이 역사로 남아 지금의 나를 만들고 자네를 만든 것 아니겠나?"

"제가 공부가 짧아 선생님 말씀을 모두 이해하지는 못하지만, 무슨 뜻으로 하시는 말씀인지 조금은 어렴풋합니다. 하지만 아직 저는 왠지 더 나은 방법이 있을 것만 같습니다. 그걸 찾아보고 싶습니다."

"알겠네. 그렇다면 자네가 이 방에서 내 원고를 본 적이 있다니 이것도 한번 읽어 보게. 내가 작년에 관음사라는 절에 몸을 의지하면서 썼던 글인데, 우리 역사가 어디에서부터 잘못되었는지를 말하려 한 것이네. 고려 인조 때 난을 일으킨 묘청이 실패하면서 잘못된 길을 가기 시작한 우리 역사를 지금이라도 바꿔야 하지 않겠나?"

가까운 조선 역사에 있어 종교나 학술이나 정치나 풍속이 사대주의의 노예가 된 것은 무슨 사건에 영향을 받은 것인가. (……) 나는 한마디로 말할 수 있으니, 고려 인종 13년(1135년) 서경 천도(西京遷都) 운동, 즉 묘청이 김부식에게 패한 사건이 그 원인이라고 할 수 있다.

서경 천도 운동에 있어 양쪽 군사가 각 수만 명에 불과하며 그 운동의 처음에서 끝까지가 2년여에 불과하지만, 그 운동의 결과가 조선 사회에 영향을 끼침은, 서경 천도 운동 이전에 고구려의 후예이자 북방의 대국인 발해 멸망의 사건보다도, 서경 천도 운동 이후 고려 대 몽고의 60년 싸움보다도 몇 배나 더 큰 것이었으니 대개 고려에서 조선에 이르는 1천 년 동안 이 운동보다 더 중요한 대사건이 없을 것이다. 서경 천도 운동을 역대의 역사가들이 다만 국왕의 군대가 역적을 친 싸움으로 알았을 뿐이었으나, 이는 근시안의 관찰이다. 그 실제의 모습은 낭가(郎家)[31]·불가(佛家) 대 유가(儒家)의 싸움이며, 국풍파(國風派) 대 한학파(漢學派)의 싸움이며, 독립당(獨立黨) 대 사대당(事大黨)의 싸움이며, 진취 사상 대 보수 사상의 싸움이니, 묘청은 곧 전자의 대표요 김부식은 곧 후자의 대표였다. 이 싸움에 묘청 등이 패하고 김부식이 이겼으므로 조선사가 사대적·보수적·속박적 사상 ─ 유교 사상에 정복되고 말았거니와, 만일 이와 반대로 김부식이 패하고 묘청 등이 이겼더라면 조선사가 독립적·진취적 방면으로 나아갔을 것이니, 이 싸움을 어찌 1천 년 역사 중 가장 큰 사건이라 아니할 수 있는가.[32]

방으로 돌아온 지호는 건네받은 길지 않은 글을 여러 번 읽었습니다. 역사라는 경험, 경험이 쌓인 역사. 그중에서도 한 시기의 선택과 방향이 결과에 얼마나 큰 차이를 만드는가에 대한 이야기로 지호는 이해했습니다. 그럼 그 선택을 만드는 방법은 무엇인가? 어떤 방법이 옳으며 효과적인가? 여기서 지호는 다시 멈췄습니다. '어떤 방법이 승리를 가져오는가?'에서 지호의 의문은 계속되었습니다. 지호는 날이 밝을 때까지 누울 수 없었습니다.

[25] 1906년 10월 전·현직 무신과 언론인 등 평안남북도, 황해도 출신의 지식인을 중심으로 경성에서 조직한 애국 계몽 단체.

[26] 1899~1970년. 전 이화여자대학교 총장이며 친일 반민족 행위자이다.

[27] 1850~1927년. 독립운동가, 정치가, 민권 운동가, 청년 운동가이다.

[28] 1879~1962년. 독립운동가로 임시 정부 의정원 부의장을 지냈다. 광복 후에 이승만 정권에 항거하였으며 부정 선거를 규탄하였다.

[29] 천황의 하사금으로 설립된 일제 강점기 유교 교육 기관. 조선 총독부가 우리나라 유교를 길들이는 데 앞장섰다.

[30] 〈동아일보〉 1925년 8월 6일 기사.

[31] 신채호 선생이 한국 고대사 연구를 통해 이론화한 우리 민족의 전통 사상.

[32] 《조선사 연구초》 중에서. 신채호 선생이 저술한 이 역사책은 한국 역사를 어떤 방법으로 연구할 것인지에 관한 중요한 자료로 평가받고 있다.

11
———

한국인
아나키스트
대회

눈이 다시 찌르듯이 아파 왔습니다. 신채호 선생은 원고지를 향해 숙인 고개를 들지도 못하고 펜을 멈춘 채 한참이나 눈을 감고 통증이 가라앉기를 기다렸습니다.

"아버지 어디 아프세요?"

등 뒤에서 이제 일곱 살인 수범이의 목소리가 들려왔습니다.

"아니다. 지금 무언가를 생각하느라 그렇구나."

선생은 지금 다시 눈을 떠도 수범이와 눈을 마주칠 수 없었습니다. 아니 아예 눈을 뜰 수도 없었습니다. 선생은 무언가를 생각하는 척 계속 고개를 돌리지 않았습니다. 부인인 박자혜는 그런 상태를 알고 있다는 듯 얼른 아이를 품에 안고 이불 속으로 들어갔습니다.

"너무 무리하지 마세요. 우리는 당신을 보고 있는 것만으로도 만족하고 있어요."

참으로 오랜만에 만나는 아내와 아이였습니다. 도저히 먹고살 방법이 없어서 고국으로 돌려보낸 지 6년여 만의 만남이었습니다. 자신이 없는 동안 아내가 겪었을 고통이 어떠했을지 짐작하는 바 있었지만, 그렇다고 지금 그것을 보상해 줄 다른 방법이 있는 것도 아니었습니다.

'시간이 참으로 빠르구나.'

통증이 가라앉기를 기다리며 계속 눈을 감은 채 선생은 생각했습니다.

지호는 결국 의열단 투쟁을 지지하긴 하지만 개별적인 희생만으로는 문제를 해결할 수 없을 것 같다며 중국에서 설립한 황포 군관학교에 들어갔습니다.

"군대의 힘은 군대의 힘으로 맞서야 할 것 같습니다. 김원봉 형님이 학교를 세운 쑨원 선생을 만나 우리 동포들의 입교를 허락받았습니다. 이미 의열단 동지들 여럿이 입교했고요. 선생님, 이제는 공산주의자든 민족주의자든, 무장 투쟁을 주장하는 자든 외교론을 주장하는 자든, 일본을 몰아내고 우리 광복을 원하는 자는 누구든 모두가 힘을 합쳐야 할 때입니다. 중국인은 벌써 그러고 있지 않습니까? 제가 이끌 군대가, 아니 제가 몸을 바칠 군대가 그 시작이라고 생각합니다."

1924년 1월, 중국의 국민당과 공산당이 일본에 맞서 공동 투쟁을 결의하는 이른바 국공 합작을 성사시킨 후 의열단은 그동안의 투쟁에 대해 고민을 시작했습니다. 그러다 내린 결론은 많은 대중이 함께

할 수 있는 투쟁 방향으로 가야 한다는 것이었습니다. 의열단의 많은 단원들은 그 결론에 따라 지호처럼 본격적으로 군사 훈련을 받는 황포 군관학교로 발걸음을 옮겼습니다.

"군대는 민중을 억압하는 또 하나의 지배 조직일 뿐이네. 그러나 자네의 뜻이 그러하다면 더는 말릴 수 없겠지. 지금은 우리 조국의 광복을 위해 무엇이든 해야 할 때니까. 난 나의 방식으로 싸우고 있을 테니 자네는 자네대로 어디서든 부디 잘 싸워 주기 바라네."

신채호 선생은 우리 역사에 대한 공부를 놓치지 않았습니다. 생활을 위해 벽초 홍명희[33]의 주선으로 〈시대일보〉에 〈고구려와 신라 건국 연대에 관하여〉라는 글을 보내기도 했습니다. 벽초와의 인연은 계속 이어져 1927년 좌우익 통합 단체인 신간회에 발기인으로 국내에서 잠깐 이름을 올리기도 했습니다. 처음 신간회에 참여해 달라는 정치가 안재홍의 부탁은 매몰차게 거절했지만, 벽초의 간절한 부탁까지는 차마 거절할 수 없었습니다. 더구나 신간회가 비타협적 민족주의 계열과 사회주의 계열의 민족 협동 전선이라는 벽초의 설명은 자신을 떠나기 전 지호가 한 말을 반복하는 듯해서 더욱 거절하기 어려웠습니다.

그동안 무엇보다 중요했던 일은 무정부주의 활동에 본격적으로 나서기 시작했다는 것이었습니다. 재작년인 1926년 여름 '무정부주의 동방 연맹' 준비 모임에 참여한 것을 시작으로, 작년 9월에는 중국인 서건의 주도로 베이징에서 한국, 일본, 중국, 타이완, 베트남, 인도 등 6개국 대표자 120여 명이 모인 '무정부주의 동방 연맹' 결성대회에 한국 대표로 참석할 정도였습니다. 이제 곧 4월이면 그 연맹과 뜻을 같이하는 한국인 동지들을 따로 모아 '한국인 아나키스트(무정부주의자) 대회'를 열 예정이었습니다. 그때가 되기 전에 꼭 한 번 아내와 아이를 만나야 할 것 같아 어렵게 베이징까지 부른 것이었습니다. 나빠지는 눈이 언제 닫힐지 몰라 마지막 모습을 담아 두고자 하는 마음도 있었습니다. 그때가 지나면 다시는 볼 수 없을 것 같은 예감에 오라 한 것이었습니다.

통증이 가라앉자 선생은 천천히 눈을 떴습니다. 돌아보니 아이는 아직 잠이 들지 않았습니다. 아버지를 방해하지 않으려는 듯 어미 품에 안겨서 조용히 옷고름만 만지작거리고 있었습니다. 얼마 안 있으면 험한 세상에 울타리 없이 남겨질 아이. 선생은 아이를 위해 무언가를 남겨 주고 싶다는 생각이 들었습니다.

'이 아비가 줄 수 있는 게 많지 않구나. 수범아, 돈이나 권력 그런 것은 가지고 있지도 않지만 설혹 있다 해도 물려주고 싶지 않구나. 그러나 주고 싶은 게 있기는 하단다. 세상을 보는 밝은 눈. 정의를 향한 군은 마음……'

"수범아, 아버지가 재미있는 이야기 하나 해 줄까?"

아이는 눈을 반짝이며 얼른 아버지 쪽으로 돌아누웠습니다.

"우리 수범이, 세상에 용이라는 신기한 동물이 있는 건 알고 있겠지? 우리가 살고 있는 동양에서는 그 용을 '미리'라 부르고 저 멀리 서양에서는 '드래곤'이라 부른단다. 드래곤은 사람들에게 도움을 주었지만 미리는 반대로 사람들을 끝없이 괴롭혔고 어떻게 하면 잡아먹을까만 생각했단다. 하늘의 상제(上帝)란 인물도 미리처럼 사람들을 괴롭히기는 마찬가지였는데, 사람들이 점점 그에 맞서고 싸우려 하자 글쎄 이 두 놈이 이렇게 방법을 의논했단다."

상제 가라사대
"오! 미리야. 너는 지혜와 용기를 겸비한 귀한 인물이니 장기적인 계획이 있거든 말해 보아라."
(……)
"식민지의 민중은 그 고통의 정도가 다른 민중보다 만 배나 되지만, 얼어 죽는 놈이 따뜻한 옷이나 바라며, 교수대에 목을 디민 놈이 곧 살기를 바랍니다. 그래서 반항할 경우에도 반항을 잘 못 합니다. 그런즉 식민지의 민중만큼 속이기 쉬운 민중도 없습니다. 철도, 광산, 어장, 삼림, 논밭, 상업, 공업…… 모든 권리와 이익을 다 빼앗으며 세금과 소작료를 자꾸 더 받아 몸서리나는 착취를 하면서도 겉으로 '너희들의 생존 안녕을 보장하여 주노라.' 하고 떠들면 속습니다. 채찍질, 몽둥이질, 죽창질, 단근질, 전기뜸질 같은 형벌을 행하면서도 한두 신문사의 설립이나 허가하고 '문화 정책의 혜택을 받으라'고 소리치면 속습니다. 학교를 제한하여 그 지식을 없도록 하면서도, 국어와 국문을 금지하여 그 애국심을 못 나도록 하면서도, 악형과 학살을 행하여 그 종족을 멸망토록 하면서도 우리는 같은 종족이고 같은 말을 쓴다 말하면 속습니다."[34]

"무슨 말인지 알겠니? 우리 같은 식민지의 민중들은 정신을 똑바로 차리지 않으면 강한 나라의 민중들보다도 훨씬 더 어려운 삶을 살 수밖에 없단다. 그런데 말이야, 민중들도 영 바보는 아니어서 이렇게 높은 자리에 있는 사람들이 자기들을 뜯어 먹는 걸 모르지 않았거든. 그래서 드래곤의 힘을 빌려 세상을 다시 뒤집어엎으려 하는데……."

아이는 크게 하품까지 하면서도 끝까지 들으려 애썼지만 이야기가 끝나기도 전에 스르르 잠이 들어 버렸습니다.

"아이에게는 어려운 이야기예요."

"아이는 클 것이고 언젠가는 내가 하려던 이야기가 무엇인지 알게 되지 않겠소."

"먼 훗날 수범이가 크고 나서 당신이 마주 앉아 그 이야기를 마저 해 주시면 얼마나 더 좋을까요?"

선생은 아무 말 없이 아내의 손을 꼭 쥐었습니다. 속에서 넘쳐나는 수많은 말들을 대신 전하듯 선생의 손끝은 떨리고 있었습니다. 아내 박자혜는 그 손을 들어 자기 귀에 가져갔습니다. 손가락 하나하나에서 나는 남편의 심장 소리를 그녀는 가만히 듣고 있었습니다.

길지 않은 한 달이었습니다. 아이가 "아버지" 하고 부르는 소리를 영원히 기억하기에는, 아내가 해 주는 걱정 가득한 응원을 가슴에 새기기에는, 다 같이 마주앉는 밥상머리의 고마움을 담기에는 짧은 한 달이었습니다. 그러나 이 시간이 계속될 수 없음은 자신은 물론이고 아내도, 심지어 어린 수범이도 알고 있었습니다. 일본이 물러나기 전까지는, 우리 민족과 세계의 모든 고통받는 민중들이 사슬에서 풀려나기 전까지는 결코 허락되지 않을 행복이라고 선생은 생각했습니다.

"너무 걱정하지 마세요."

"언제 다시 볼 수 있을지 모르겠소."

"벌써 잊으셨어요? 저도 3·1 운동 때부터 일본과 싸워 오던 몸이에요. 체포를 피해 떠나온 이곳 베이징에서 우당 선생님 소개로 당신을 만나지 않았더라면 난 아직도 같이 일하던 간호사들과 함께 일본 놈들에 맞서 싸우고 있었을 거라고요."

"나를 만나지 않았더라면 지금쯤 다니던 옌징 의대를 졸업하고 의사가 되었겠지."

"역사를 공부하시는 분이 어떻게 지나간 일에 '했더라면……'이라는 말을 붙이세요? 역사에 가정(假定)은 없다, 모르세요?"

아내 박자혜는 웃었습니다.

"몸을 잘 살피세요. 식사 거르지 마시고요. 당신이 잘 싸우면 싸울수록 우리는 더 빨리 만나게 되겠지요. 그럼 얼른 들어가세요."

엄마 손을 잡고 기차에 오른 아이는 울지 않았고 아내는 뒤돌아보지 않았습니다.

아내와 아이를 다시 떠나보낸 며칠 후 간단히 짐을 챙긴 신채호 선생은 아내와 아이가 떠난 그 기차역에서 그들이 떠난 반대 방향인 남쪽 톈진으로 향하는 기차에 몸을 실었습니다. 발걸음이 가볍지는 않았지만 가기로 한 길이었습니다. 가야만 할 길이었습니다.

기차는 느리고 더뎠습니다. 반나절 정도밖에 걸리지 않는 길은 누런 모래바람으로 바깥이 잘 보이지 않을 정도였습니다.

저녁 무렵 도착한 약속 장소에는 많지는 않지만 모두 결의에 찬 모습을 한 한국인 무정부주의자들이 모여 있었습니다. 신채호 선생은 반갑게 인사를 나누었습니다. 가족이 삶을 나눌 사람이라면, 이 동지들은 어쩌면 죽음을 함께 맞을 이들이었습니다. 황사 때문에, 적의 눈초리 때문에 가리고 있었던 얼굴을 드러내고 그들은 서로 손잡고 끌어안았습니다. 간단한 인사말과 그동안의 진행 상황에 대한 보고가 있고 난 후 선생은 연단에 올랐습니다. 그리고 준비해 온 선언문을 읽기 시작했습니다.

조선 무정부주의자 연맹 선언문

우리의 세계 무산(無産) 민중들은, 더 나아가 우리 아시아 각 식민지의 가진 것 없는 민중들은 피와 살을 빨고 짜고 썹고 물고 깨물려 배 속의 내장까지 꿰어지려 한다. 배가 터져 버리려 하고 있다. 그래서 저들이 그 최후의 발악으로 우리 무산 민중 – 더욱 동방 각 식민지 무산 민중을 대가리에서부터 발끝까지 박박 찢으며 바삭바삭 깨물어 우리 민중은 죽어 없어지는 것보다도 더 음침하고 참혹한, 살아도 살아 있는 것 같지 않은 불생존(不生存)의 생존(生存)을 살고 있다.

처음에는 큰아들 수범에게 못다 한 이야기라도 하듯 조용히 읽어 나갔습니다. 살아도 살아 있는 것 같지 않다는 '불생존의 생존'이라는 말은 자신에게도 해당하는 말이었습니다. 조국의 독립을 위해 만주와 중국, 멀리 미국에까지 떠도는 수많은 동지를 가리키는 말이기도 했습니다. 아내 박자혜처럼 남편을 떠나보내고 마음 졸이는 수많은 여성을 일컫는 말이었고, 수범이처럼 아버지와 헤어지거나 영

영 잃어버린 아이들의 비참함을 대표하는 말이기도 했습니다. 그래서 그 아이들의 눈물을 닦아 주듯이, 왜 너희들이 이렇게 모진 세상을 살아가야 하는지 가르쳐 주듯이 천천히 읽어 나갔습니다.

소수가 다수에게 지는 것이 원칙이라 하면 왜 최대 다수의 민중이 최소수인 짐승 같은 강도들에게 피를 빨리고 고기를 찢기느냐? 저들의 군대 까닭인가? 경찰 까닭인가? 군함, 비행기, 대포, 장총, 장갑차, 독가스와 같은 끔찍하고 잔악한 무기 까닭인가? 아니다. 이는 그 결과일 뿐 원인이 아니다.

저들은 역사적으로 발달 성장하여 온 몇 천 년이나 묵은 괴물들이다. 이 괴물들이 맨 처음에 교활하게 자유 평등의 사회에서 사는 우리 민중을 속여 지배자의 지위를 얻고는 그 약탈 행위를 조직적으로 벌건 대낮에도 할 수 있도록 정치를 만들었으며, 그렇게 약탈해서 얻은 이익을 자기들끼리 나누기 위해서 정부를 두었던 것이다. 그리고 영원 무궁히 그 지위를 누리고 반대하는 민중을 억누르기 위해 이른바 법률, 형법 등 부어터진 법을 제정하고, 민중들을 노예처럼 복종시키기 위해 명분, 논리 등 어리석은 도덕률을 조작하였다. (……) 이것이 곧 많은 수의 민중들이 적은 수의 짐승들에게 유린을 당해 온 원인이다.

너무나 억울한 삶을 살아온 사람들을 생각하며, 오랜 시간 속아 온 사람들을 떠올리며 선생의 목소리는 점점 높아 갔습니다. 그렇게 오래 쌓여 온 굴레를 벗기 위해서는, 매번 당해 오던 원인을 없애기 위해서는 문화나 외교보다 지금 당장 총과 칼이 더 필요하다는 생각을 알리고 싶었습니다.

우리의 생존은 우리의 생존을 빼앗는 우리의 적을 없이하는 데서 찾을 것이다. 저들의 세력은 우리 대다수 민중이 저들을 부정하고 파괴하면서 그 존재를 잃을 것이요, 저들의 존재를 잃는 날이 곧 우리 민중이 열망하는 자유 평등의 생존을 얻어 무산 계급의 진정한 해방을 이루는 날이다. 곧 개선의 날이니 우리 민중의 생존할 길이 여기 이 혁명에 있을 뿐이다.

큰 박수와 함성이 있었습니다. 목숨을 내놓은 사람들의 피를 끓게 하고 다짐을 새로이 하게 하는 글이었습니다. 그러나 그들이 원하는 혁명은 연설로 실행되는 것이 아니었고 박수로 완성되는 것도 아니었습니다. 그들에게 당장 필요한 것은 이 모든 것을 가능하게 해 줄 자금이었습니다. 베이징 근처에 폭탄과 총을 만들 공장을 세우고, 외국인 기술자를 부르고, 그렇게 만들어진 것을 필요한 나라에 보내고, 자신들의 주장을 널리 알리는 것. 이 모든 일에는 돈이 들어가야 했습니다. 그렇다고 그 돈을 누가 그냥 줄 것도 아니었습니다. 합법적인 방법으로 벌어들일 수도 없었습니다.

이 고민에 대해 타이완의 무정부주의자인 린빙원이 방법을 제안했습니다. 베이징 우체국에 근무하던 그는 멀리 있는 사람에게 돈을 보내는 방식인 '위체(爲替)'를 이용하자고 했습니다.

"국가 간에 돈을 보낼 때는 외국환이란 것을 씁니다. 그게 무엇이냐 하면, 이쪽 나라에서 은행에 돈을 넣고 그 대신 받은 외국환이란 것을 저쪽 나라에 보내면 그 나라에서 그걸 받은 사람이 다시 현금으로 찾을 수 있게 하는 것입니다. 한 푼도 저축하지 않고 제가 근무하고 있는 우체국의 도장을 몰래 찍어 가짜로 외국환을 만든 후 한국, 일본, 타이완 등으로 보내면 동지들이 그곳에서 돈을 찾으면 됩니다."

할 수 없었습니다. 당장 일을 시작하기 위해선 방법의 정당성을 따질 형편이 아니었습니다. 그들은 각자 자기가 맡은 장소로 떠나기로 했습니다. 신채호 선생은 일본을 거쳐 타이완으로 가는 길을 택했습니다. 타이완이라면 지호가 있는 광둥 성과도 그리 멀지 않은 곳이었습니다. 선생은 일이 무사히 끝나면 황포 군관학교에 들러 그곳을 돌아보고 싶은 마음이 있었습니다. 도대체 어떻게 훈련하고 어떤 무기를 쓰는지, 자신들과 연결될 부분은 없는지 알고 싶었습니다. 그래서 지호에게 간단하게 행선지를 알리고 만날 수 있는 형편인지를 묻는 편지를 보냈습니다. 그러나 선생의 예상과는 달리 지호는 편지를 받자마자 날짜에 맞추어 타이완으로 달려왔습니다. 괜한 연락이었나 생각했지만 이제는 어엿한 장교의 냄새를 풍기는 지호가 반가웠습니다.

* * *

타이완의 바람은 흔들리고 있었습니다. 방향을 찾지 못하고 있었습니다. 공이 벽에서 튕겨 나오듯 거리 곳곳에서 부딪혀 꺾이고 있었습니다. 넘어져 무릎 꿇고 다리로 엉기던 바람이 벌떡 일어나 얼굴을 때리기도 했습니다. 우리보다 먼저 나라를 잃은 이 섬은 할퀴면 할퀴는 대로 바람에 몸을 맡기고 있었습니다. 발톱 깊은 바람은 타이완의 큰 항구인 지룽항 거리 곳곳까지 상처를 내고 있었습니다.

"선생님, 선생님께서 조금 전 배에서 내리실 때부터 따라오는 자들이 있습니다."

"검은 모자를 깊게 눌러 쓴 자를 말하는가?"

"그자 세 걸음 뒤에서 가방을 들고 따라오는 자도 거동이 눈에 거슬립니다. 아무래도 오늘 여기서 돈을 바꾸기에는 너무 위험한 듯 싶습니다."

"하지만 위조된 외국환을 바꾼다는 것이 시간을 끌면 끌수록 우리에게 불리한 일이네. 저들이 더 알아내기 전에 오늘 결행하지."

"안 됩니다. 제 눈에 뜨인 놈만 둘입니다. 어디에 얼마나 더 있을지 알 수가 없습니다. 어쩌면 우체국에서 이미 우리를 기다리고 있을지도 모릅니다."

"그럼 어쩐다……."

신채호 선생은 천천히 긴 숨을 쉬었습니다. 따지고 보면 지호의 말도 틀린 것은 아니었습니다. 하지만 이렇게 수상한 자들이 따라붙었다는 것은 이미 한시도 시간을 더 늦출 수 없다는 뜻이기도 했습니다. 이왕 이렇게 된 거 오늘 해치울 방법을 생각하는 것이 나을지도 몰랐습니다.

"그럼 선생님, 이렇게 하시죠."

지룽 우체국은 사람들로 붐비고 있었습니다. 가방을 든 두 사람이 따로따로 들어오는 것을 누구도 신경 쓰지 않았습니다. 두 사람은 들어오자마자 주변을 살피는 듯했지만 다가간 창구는 달랐습니다. 먼저 다가간 사람이 유문상이라는 이름으로 외국환에 서명을 하고 돈을 받으려는 순간이었습니다.

"저자가 신채호다. 잡아!"

뒤돌아보니 항구부터 따라오던 얼굴은 아니었습니다. 중국어로 누구냐고 물으려는 순간, 일본어 답이 돌아왔습니다. 한 손에 착 감기는 수갑이 차가웠습니다. 남은 한 손을 조용히 내미는 사람을 지켜보던 일본인 경찰이 놀라서 다시 소리쳤습니다.

"이 자는 신채호가 아니다. 빨리 문을 닫아!"

일본 경찰의 고함에 얼어붙어 있는 사람들 사이로 누군가 급하게 문 쪽으로 뛰었습니다. 언제 그렇게 많은 경찰이 숨어 있었는지 손님이라 생각한 사람의 반은 그리로 달려가는 듯 보였습니다. 자신을 붙잡고 있던 경찰이 미처 다른 손에 수갑을 채우는 것도 잊고 그쪽을 바라보고 있는 사이, 지호는 그의 발등을 있는 힘껏 밟았습니다. 썩은 나뭇가지가 부러지는 소리를 내며 허리를 굽히는 경찰의 머리를 무릎으로 다시 걸어 올렸습니다. 경찰의 몸이 다시 조금 펴지는 순간 지호는 몸을 반대로 돌려 그의 허리춤에서 권총을 빼냈습니다.

한 발.

두 발.

먼저는 항구에서부터 따라오던 흰 모자에게 가서 적중했습니다. 두 번째는 가방을 들고 그 뒤를 따르던 자의 손에 정확히 맞았습니다. 두 사람의 비명과 함께 우체국 안은 갑자기 조용해졌습니다. 20여 개가 넘는 총이 지호를 겨누고 있었고, 지호의 단 하나뿐인 총은 쓰러져 있는 일본 경찰의 머리를 향하고 있었습니다. 지호는 외쳤습니다.

"그 사람을 이쪽으로 보내라! 안 그러면 아주 끔찍한 장면을 보게 될 거다."

그러나 돌아온 것은 일본 경찰이 아니라 붙잡혀 있는 신채호 선생의 답이었습니다.

"안 된다, 지호. 이미 틀렸다. 너라도 살아야 해. 경찰이 더 몰려오기 전에 어서 피해."

수많은 계산이 지호의 머리를 스쳤습니다. 그중에는 일본인들은 동료의 목숨 때문에 먹이를 놓치는 종류의 인간들이 아니라는 게 있었습니다. 일단 뒷날을 기약하는 것도 방법이라는 생각도 있었습니다. 한 사람이라도 살아야 한다는 것, 내 목숨이 내 것이 아니라는 것은 황포 군관학교에서 귀에 딱지가 붙도록 듣던 얘기였습니다.

지호는 쓰러진 경찰의 뒷덜미를 잡고 질질 끌면서 창문 쪽을 향해 천천히 움직였습니다. 멀리서 경찰의 사이렌 소리가 들리는 듯했습니다. 그 소리에 경찰이 잠깐 방심하는 사이, 지호는 도로 쪽 유리창을 향해 몸을 던졌습니다. 유리가 깨지는 소리와 함께 휘파람 소리처럼 총알이 스치는 소리가 생생했습니다.

지호는 항구 쪽을 향해 미친 듯이 뛰었습니다. 따라오는 발걸음 소리가 뒤돌아보지 않아도 10명은 넘었습니다. 멈출 틈이 없었습니다. 항구의 짐들 사이로 어렵게 빠져나가던 지호는 끝내 바다와 마주하게 되었습니다. 뛸 만한 곳은 이제 하나만 남았습니다. 멀리 있는 배와 항구를 감싸고 있는 산을 잠깐 훑어본 후 아직은 쌀쌀한 5월의 바다로 지호는 뛰어들었습니다.

여러 군데 유리가 박힌 몸으로 수영을 해서 정박한 배에 올라 타이완을 벗어나기까지 지호는 또다시 죽음의 문턱을 넘나들었습니다. 간신히 몸을 추슬러 중국 본토에 닿은 그가 제일 먼저 한 일은 황포 군관학교에 가서 자퇴 서류를 제출한 것이었습니다. 이제는 학생이라기보다 교관으로 대접받고 있던 지호를 말리는 손은 여럿이었지만, 그에게 가장 급한 일은 신채호 선생을 구하는 것이었습니다.

"급한 일입니다. 중요한 일입니다. 다시 돌아오겠습니다."

지호가 어디서 무엇을 하다가 이렇게 만신창이로 돌아왔는지 한국인 학생들은 금방 알아챘습니다.

"일단 좀 쉬십시오. 지금 타이완으로 가시려 해도 갈 수가 없습니다. 신채호 선생님이 붙잡히신 지 6일 뒤에 우리 민족 사람인 조명하란 학생이 타이완에서 일왕의 장인인 구니노미야를 암살한 사건으로 지금 타이완은 발칵 뒤집혔습니다."

"맞아요. 더구나 신채호 선생님은 곧 다롄으로 호송될 예정이고 거기에서 재판을 할 모양입니다. 지금 당장 그곳까지 가신다 하더라도 특별히 할 수 있는 일이 없는 것 아닙니까? 내 몸은 내 몸이 아니다, 잊으셨습니까? 신채호 선생님을 위해서라도 교관님 몸은 교관님 것이 아닙니다."

지호는 말을 듣고 싶지 않았지만 어쩔 수 없었습니다. 경성에서 다친 몸이 이번에 다친 몸과 더해져 지호를 더욱 꼼짝 못 하게 하고 있었습니다. 무엇보다 유리에 찢긴 살갗으로 들어온 더러운 바닷물이 남긴 상처가 아물어야 움직일 수 있을 것 같았습니다. 하지만 오래 걸리지는 않았습니다. 일주일도 되지 않아 짐을 챙긴 지호는 랴오둥 반도의 끝 다롄을 향해 출발했습니다.

막상 다롄에 도착했지만 처음에 지호는 무엇을 해야 할지 몰랐습니다. 탈옥을 계획하기에는 모진 고문으로 인해 신채호 선생의 건강이 최악이었을 뿐만 아니라 자신마저도 잡힐 염려가 있었습니다. 이미 일본 경찰에게 쫓기고 있는 처지에 함부로 면회를 갈 수도 없었습니다. 다만 그동안 베이징 등에서 선생의 강연을 듣고 그 사상을 따랐던 젊은이들 중 면회가 가능한 자들을 통해서 소식을 전하고 받을 뿐이었습니다. 어렵게 부탁해 소식을 전한 지호는 특별한 말씀이 없으셨다는 답만을 받았습니다. 지호를 걱정하는 마음으로 선생이 답을 피하고 있다는 생각은 들었지만, 지호는 무엇이라도 해야 한다는 마음에 조바심이 났습니다. 계속해서 선생을 도울 수 있는 일을 찾았습니다.

재판은 길어지고 있었고 언제 끝날지 기약이 없었습니다. 일본은 김천우라는 밀정의 암살 사건부터 조명하 사건까지 선생에게 뒤집어씌우려는 듯, 온갖 심문을 하고 말도 안 되는 논리를 들이대며 시간을 끌었습니다. 재판이 길어지던 어느 날, 지호의 심부름을 해주던 한 학생에게서 전갈이 왔습니다. 지금 선생은 당장 필요한 게 없으니 한국에 있는 가족을 돌봐 주면 좋겠다는 내용이었습니다.

'어떻게든 선생님 주변에서 나를 멀리 떨어뜨리려 하시는구나. 내가 계속해서 이곳에 있는 게 불안하다는 말씀이기도 하고. 그래, 그렇다면 일단 한국으로 가자. 어차피 한 번은 다녀와야 했어.'

[33] 1888~1968년. 독립운동가, 교사, 언론인. 일제 강점기 최고의 장편 소설로 꼽히는 《임꺽정》을 쓴 작가이다.

[34] 《용과 용의 대격전》 중에서. 이 소설은 신채호 선생이 지은 우화 형태의 장편 혁명 소설로 무정부주의의 교본으로 알려져 있다.

12

죽음과
죽음

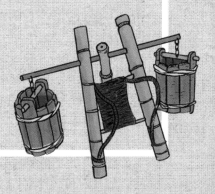

지역 경찰을 동원한 무원의 집요한 협박에 결국 현우는 경성으로 올 수밖에 없었습니다. 현우가 경성으로 올라오면서 그나마 마음을 놓을 수 있었던 한 가지는, 신채호 선생의 부인이 운영한다는 산파원에 연락이 닿은 것이었습니다.

글을 알게 된 후 현우는 혹시 지호의 소식이라도 들을까 해서 기회가 되는 대로 신문을 구해 읽어 보곤 했습니다. 가겠다 가겠다 말만 하고 움직이지 않는 현우에게 한 달 안에 이곳을 뜨지 않으면 집을 불살라 버리겠다고 일본도까지 들이대는 경찰들이 한바탕 소동을 부리고 다녀간 후, 현우는 이제 더는 어쩔 수 없다는 생각에 신문에서 보았던 박자혜의 산파원으로 편지를 썼습니다. 자신이 신채호 선생을 돕던 이지호의 사람이라는 것, 친일 앞잡이의 협박으로 어쩔 수 없이 경성으로 가야 하는데 몸을 의탁할 곳이 없다는 것, 자신이 약초를 좀 아니 힘닿는 대로 일을 돕겠다는 내용을 담은 편지였습니다.

답은 편지로 오지 않았습니다. 더욱 빠르게 전보로 왔습니다. 올라오면 무조건 자신을 찾아오라는 것이었습니다. 그렇게 도착한 산파원으로 무원은 팥 방구리에 쥐 드나들 듯 하루도 거르지 않고 얼굴을 들이밀었습니다.

"여기가 어딘지 아세요? 부인들이 몸을 푸는 곳입니다. 어떻게 남정네가 부끄러움도 없이 여기를 기웃거리십니까? 산모의 남편도 잘 오지 못하는 곳이라고요."

"내가 오지 않게 하려면 네가 나오면 되겠구나."

"삼년상 지난 지 얼마 되지도 않았습니다. 고향에 이 소식이 전해지면 다시는 얼굴을 들고 고향에 갈 수 없을 겁니다. 그리고 이곳에 남정네가 드나든다는 소문이 돌면 이 일도 끝입니다. 저 때문에 주인집까지 굶겨 죽이시려는 겁니까? 한 번만 다시 오시면 소리소문 없이 찾을 수 없는 곳으로 사라질 테니 그리 아십시오."

사라지겠다는 말이 효과를 본 것인지 무원은 아주 가끔만 주변을 돌다 가는 눈치였습니다. 그렇게 가슴 졸이며 하루하루를 보내던 어느 날 밤, 거짓말처럼 지호가 나타났습니다. 현우보다 더 놀란 것은 지호였습니다.

"네가 어떻게 여기에…… 여하튼 일단 잘됐다. 잠깐만 나와보렴."

지호는 현우의 안부보다 먼저 단재 선생 가족의 안부를 물었습니다. 어려운 것은 없는지, 필요한 게 무엇인지, 아이는 잘 크고 있는

지를 정신없이 물었습니다. 현우는 아는 대로 대답해 주었지만 자신에 대해선 궁금해하지 않는 지호에게 조금은 서운한 마음이 들었습니다. 폭풍 몰아치듯 묻고 난 후 한숨을 돌리는 지호에게 현우는 무슨 말인가를 하려다 도로 삼켰습니다. 그리고 조용히 입으로 새소리를 냈습니다. 그제야 지호는 정신이 번쩍 들었습니다. 그러곤 멋쩍게 웃었습니다.

"매일 매일 새소리를 냈더니 그걸 듣고 오셨나 봐요."

"아…… 그럼…… 그럼."

지호는 오랜만에 웃었습니다. 그리고 주위를 둘러보더니 지금부터는 가까이 있을 거라는 말을 남기고 바로 사라졌습니다.

현우가 골목 입구만 쳐다보던 3일이 지나서야 지호는 물장수가 되어 나타났습니다. 아침 일찍 물을 길어다 주곤 별일 없는지 확인하고는 곧 사라졌습니다. 가끔은 물과 더불어 적지 않은 돈을 주고 가기도 했고, 고기나 과일을 놓고 가는 일도 있었습니다. 그러면서 부인에게는 오히려 위험할 수 있으니 신채호 선생이 사람을 보냈다는 말은 하지 말라고 당부해 두었습니다.

항아리에 물을 부어 준다며 지호가 부엌을 드나드는 시간이 점점 길어지면서, 결국에는 수상한 물장수가 산파원을 드나든다는 보고가 무원에게 전해졌습니다. 무원은 그것이 지호라는 걸 직감했습니다. 이번에는 놓칠 수 없었습니다. 제 발로 걸어 들어온 먹이를 놓칠 수는 없었습니다. 지호는 종로 경찰서에서 가장 빠르고 민첩한 자를 붙였습니다. 언제 나타나는지, 얼마나 머무는지, 어디를 들리는지 꼼꼼하게 알아 오라 시켰습니다. 며칠이 지나, 잠은 청계천 다리 밑 거지들과 같이 자고 아침 일찍 인왕산 쪽에서 물을 길어 온다는 답을 들었습니다. 인왕산이라면 종로 쪽 물장수들이 주로 모여 물을 뜨는 곳이었습니다.

"잘 들어라. 너도 물장수 복장을 하고 내일 새벽 인왕산 쪽으로 가라. 가서는 그자가 보이면 눈치채지 못하게 그자의 물통에 이 약을 섞도록 해."

"그 정도 일은 눈 감고도 할 수 있습니다."

"그게 끝이 아니야. 물장수들은 보통 중간에 한 번은 쉬면서 자기가 길어 오던 물을 마시곤 한다. 넌 조용히 뒤를 밟다가 그자가 쉬면서 그 물을 마시는지 꼭 확인해야 한다."

"확인하고는 어떻게 합니까?"

"어떡하긴 뭘 어떡해. 그자는 백을 세기도 전에 쓰러질 거다. 쓰러지면 남은 물은 남김없이 쏟아부어 버리고 내게 와서 보고하기만 하면 되는 것이다. 단, 물은 절대로 우물이나 개울에 버리면 안 돼. 동네 사람들을 다 죽일 수도 있으니까. 명심하라고. 알겠지?"

물을 긷는 곳에는 사람이 많았습니다. 아침 식전에 물을 대 주어야만 돈을 받을 수 있는 물장수들은 서로 뒤섞여 먼저 긷겠다며 큰 소리를 내고 있었습니다. 물통에는 주인을 나타내는 표시가 되어 있어 쉽게 지호의 물통을 찾을 수 있었습니다. 게다가 지호의 물통 근처에서 마침 멱살잡이가 벌어지는 통에 약을 넣는 것은 쉬운 일이었습니다. 하지만 문제는 다음부터였습니다. 지호는 물장수라면 누구나 쉬어 가는 곳에서도 멈추지 않았고, 땀을 비 오듯 흘리면서도 물을 꺼내 마시지 않았습니다. 걸음도 빨라 따라가기가 벅찰 지경이었습니다. 무원이 보낸 자가 '어어……' 하는 사이에 지호는 한걸음에 산파원으로 들어갔습니다. 예상하지 못한 일이었습니다.

'얼른 들어가서 이제 막 그득 찼을 물 항아리라도 깨 버려야 하나? 아니, 어쨌든 지금 들어간 자는 하나뿐이니까 그 안에서라도 마시면 되는 거 아니야? 아니지. 저자가 물만 길어다 놓고 그냥 나오면 무원 경부에게 뭐라 둘러대지?'

이런 생각에 이러지도 저러지도 못하고 있을 때였습니다. 산파원 안에서 갑자기 큰 소리가 흘러나왔습니다. 처음에는 몇 번이나 경찰서 지하에서 들어 본 적 있는 비명 소리가 아닌가 했습니다. 그러나 자세히 들어 보니 산파원이라 쓴 간판이 흔들릴 정도로 큰 남자의 울음소리였습니다.

땀에 젖은 지호가 칭찬을 기다리는 아이처럼 쑥 건네는 물바가지를 새벽부터 기다리던 현우는, 그것을 망설임 없이 두 손으로 받아 들었습니다. 지호가 무엇을 기뻐할지 잘 아는 현우는 지호 앞에서 보란 듯이 물을 한 방울도 남기지 않고 시원하게 마셨습니다. 자신이 얼른 마셔야 지호도 빨리 마른 목을 축일 수 있다는 생각에 바가지 안에서 야릇하게 풍기는 냄새도 아랑곳하지 않았습니다. 동이 터 오고 바깥에서 들리는 새소리가 꼭 너랑 같다는 말을 하려는 순간, 지호는 현우의 코에서 실처럼 가느다랗게 흘러나오는 피를 보았습니다.

"피곤하니?"

지호가 손을 뻗어 코피를 닦아 주려는데 현우는 마치 장마에 흙담이 무너지듯 스르르 지호의 품으로 쓰러졌습니다. 처음에는 무슨 일인가 했습니다. 장난인 것도 같았습니다. 싱긋 웃으며 못 이기는 척 속아 줄까 하는 생각도 했습니다. 그러나 현우의 기침에 자기 옷의 앞섶이 붉게 물드는 걸 보며 정신이 아득해졌습니다. 핏줄기는 점점 굵어졌습니다. 지호는 울지 않았습니다. 자신도 같이 아파서 소리를 지를 뿐이었습니다. 비명이었습니다. 현우는 잠깐 눈을 떴습니다. 그러곤 입을 동그랗게 모으고 힘을 다해 무슨 소리인가를 내려고 했습니다.

"알아, 알아. 지금은 말고 나중에…… 너 다시 일어나서 나중에. 현우야, 현우야."

돌이킬 수 없다는 걸 아는 데 오랜 시간이 걸리지 않았습니다. 아무리 흔들어도 현우는 움직이지 않았습니다. 새소리도 내지 않았습니다. 갑자기 귀가 먹은 듯 세상이 조용해졌습니다.

죽음은 슬픔이 아니었습니다. 그녀의 죽음은 두려움이었습니다. 다시는 볼 수 없다는 두려움, 앞으로 살아갈 동안 보고 듣고 만지고 맛보는 모든 것이 그녀와 연결되어 자신을 고통스럽게 찌를 것이라는 확실한 예감, 자신은 결코 그것을 견뎌내지 못할 거라는 확신. 거기에서 시작되는 두려움이었습니다. 아픔이었습니다.

지호의 뒤에는 어느새 경찰들이 몰려와 있었습니다. 그 맨 앞에 무원이 있었습니다. 무원은 천천히 총을 빼 들었습니다. 총은 현우를 안고 있는 지호의 등을 향하더니 잠깐 멈추었다 계속 옆으로 갔습니다. 총은 경찰 사이에서 물장수 옷을 입고 있는 자 앞에서 천천히 멈추었습니다. 누가 말릴 틈도 없이 총은 큰 소리를 내며 발사됐습니다.

* * *

신채호 선생의 재판은 무려 2년을 끌었습니다. 그 와중에 선생은 자신의 집에서 지호의 아내 될 사람이 숨졌다는 것과 지호가 체포되었다는 소식을 들었습니다. 묶여서 끌려가는 중에 독이 든 물을 마시겠다고 덤벼들어 결국 몇 모금 마시고는 몇 날을 정신을 잃었다는 얘기도 들었습니다. 후회가 밀려왔습니다. 지호를 그냥 이곳에 두었더라면 하는 생각이 떠나질 않았습니다. 그러면서 지호가 남긴 말을 곰곰이 생각해 보기 시작했습니다. 잠도 재우지 않는 모진 고문 속에서도 제일 괴로운 것은 바로 지호의 그 말 때문이었습니다.

"선생님, 세상은 다시 바뀌고 있습니다. 소수에 의한 민중직접혁명보다 큰 뜻을 위하여 누구나 힘을 합치자는 민족 전선의 필요성을 더 크게 받아들이고 있습니다."

모든 재판이 끝나고 신채호 선생에게는 10년의 징역형이 내려졌습니다. 죄수 번호 411번을 달고 뤼순 감옥으로 옮겨진 후에도 선생의 고민은 끝나지 않았습니다. 틈나는 대로 책을 읽고 글을 썼습니다. 면회를 오는 사람 편에 글을 내보내기도 했습니다.

눈은 점점 나빠졌고, 감옥이라는 환경은 이미 좋지 않은 건강을 더욱 해치기 시작했습니다. 선생은 형기를 모두 마치고 감옥을 걸어서 나갈 수 없겠다 생각했습니다. 이미 틀린 몸, 마지막을 더럽히기 싫어 친일파를 앞세워 가석방을 해 주겠다는 제안도 거절했습니다. 다만 자신이 죽기 전에 이제 마지막 남은 독립 투쟁의 방법, 이념과 계급을 떠나 누구나 조국 광복을 위해 힘을 모아야 한다는 민족 전선론을 마무리해야겠다고 생각했습니다.

여전히 남아 있는 중국의 한국인 무정부주의자들에게 〈민족 전선을 위하여〉와 〈혁명 동포에게〉라는 시를 남긴 지 며칠 뒤, 선생은 석방을 3년 앞두고 뇌출혈로 쓰러진 뒤 다시는 일어나지 못했습니다.

* * *

경성역을 나서는 지호 앞에 무원이 나타났습니다. 지호는 놀라지 않았습니다.

"나를 가석방해 준 것이 너냐?"

"흐흐흐. 예전에 경찰에서 쫓겨나 시골에서 술독에 빠져 사는 내가 무슨 힘이 있다고. 그냥 술과 도박으로 날리고 남은 땅 정리해서 홀라당 갖다 바쳤더니 한 번은 들어주더군."

"결국은 너란 말이군. 왜 그랬지?"

"허허. 좀 기다려. 일단 자리를 옮길까?"

둘은 말없이 한참을 걸었습니다. 걷다 보니 용산을 지나 노량진 나루터가 보이는 한강에 이르렀습니다.

"그래, 아버지같이 목숨 걸고 지켜 오던 분 유골은 잘 보내 드린 거냐? 지금 출발해서 청주에 도착해도 아마 매장 허가가 나오긴 힘들 거다. 그것도 내가 해결해 보려고 했는데 돈이 모자라서 그만. 하하하."

"네 더러운 입에서 아버지란 말을 듣고 싶지는 않다."

"그래? 이제는 한 줌 뼛가루가 된 단재가 써 줬다는 너희들 선언문에 아마 이런 구절이 있을 거야."

갑신정변은 궁궐 안에서 일어났던 일반 민중과는 상관없는 특수한 몇몇이 또 다른 특수한 세력과 싸웠던 한때의 사건이 될 뿐이다. 나라를 빼앗긴 1910년 앞뒤에 일어난 의병들은 먹고살 걱정 없이 책이나 읽던 선비들이 주장한 충군애국(忠君愛國)의 뜻에 따라 일본에 분노하여 일어난 일일 뿐이다. 안중근[35], 이재명[36] 등 열사의 폭력적 행동이 열렬하였지만 그 뒤에는 민중적 역량의 기초가 없었으며, 3·1 운동의 만세 소리에 모든 민중이 하나 되어 의로운 기운이 잠시 드러났지만 또한 폭력의 중심을 가지지 못하였다. '민중, 폭력' 둘 중 하나만 빠지면 비록 세상을 뒤흔들 만큼 크고 대단한 일이라도 천둥같이 잠깐에 지나가 버리는 것이다.

"무슨 말인 줄 알아? 네 아버지가 할 줄 아는 건 편하게 앉아서 책이나 읽는 것이었고, 의병을 모은 일은 기껏 썩어 빠진 조선 왕조에 충성을 바치려는 헛된 몸부림일 뿐이었다는 거다."

"어리석게도 강도 일본에만 희망이 있다고 생각한 너희보다야 낫겠지."

"난 아직도 이해할 수 없는 게 있다. 도대체 망하기 전의 이 나라가 네게 해 준 것이 무엇이냐? 지독한 가난, 끝이 보이지 않는 수탈, 한 줌 관리들의 횡포, 그러다 망한 나라에 무슨 미련이 있어서…… 흐흐흐. 독립은 오지 않는다. 아니 와서는 안 된다. 그럼 또 그런 나라가 될 테니까."

"넌 민족을 모르는 거다. 아니 민족 이전에 공동체라는 것이 무엇인지를 모르는 거겠지. 서로를 버텨 주는 공동체를 배신하는 건 결코 용서되지 않는다. 왜냐하면 그런 배신은 모두를 파멸하게 하니까. 그래, 어쩌면 네 말이 맞을 수도 있다. 나도 해방이 두렵다. 너 같은 인간이 해방된 이 땅에서 살아남아 네 자식들까지 부와 권력을 이어 갈까 봐 그게 두렵다. 그건 내가 지금까지 싸워 온 모든 이유를 무너뜨리는 거니까."

"흐흐흐. 그런 걱정은 보다시피 안 해도 좋아. 난 이제 물려줄 재산도 없고, 물려받을 자식을 안겨 줄 사람도 먼저 보냈으니까."

"현우 얘기를 한 번만 더 입에 담으면 저 한강의 물고기 밥이 되게 해 주겠다."

"아니 너도 들어야 돼. 그 죽음에는 너도 책임이 있으니까."

"뭐라고? 이 자식이."

지호는 무원을 힘껏 들어 내동댕이쳤습니다. 반격을 예상하고 온 힘을 다했는데 아무런 저항이 없다는 게 순간 꺼림칙했습니다. 무원의 몸무게가 너무 가벼운 것도 이상했습니다. 바닥에 떨어져 한참을 버둥거리던 무원이 가까스로 몸을 돌아 누워 지호를 올려다보았습니다.

"난 현우를 잃고 난 후 지금까지 스스로를 죽여 왔다. 왜냐고? 그래야 너보다 내가 먼저 현우에게 닿을 테니까. 여기선 내가 늘 너보다 한발 늦었지만 그곳에서는 내가 더 빠를 테니까. 놀라지 마라. 내 몸속에는 이미 머리통만 한 혹이 있다고 하더라. 그 소리를 듣고 어찌나 기쁘던지. 그래 맞아. 널 감옥에서 나오게 한 건, 그리고 다시는 발도 들이지 않겠다고 다짐할 만큼 꼴도 보기 싫은 경성까지 올라와 널 만난 건, 내가 먼저 현우에게 가는 모습을 보여 주기 위해서였다. 잘 살아라. 아마 앞으로 사는 게 지옥이겠지만…… 하하하."

무원은 웃음을 멈추더니 손에 쥐고 있던 봉지 하나를 급하게 입에 털어 넣었습니다.

"안 돼!"

지호는 그게 무엇인지 바로 알 수 있었습니다. 급하게 달려들어 입을 벌리려 했지만 이미 때가 지난 뒤였습니다. 쥐고 있던 손을 풀어 얼마나 먹었는지 확인하려 했지만 쉽지 않았습니다. 대신 다른 쪽 손에서 나온 건 현우의 손수건과 금반지 한 쌍이었습니다. '현'자와 '우'자가 새겨진 한 쌍의 손수건. 지호는 한참을 앉아 손수건을 바라보았습니다. 그러곤 그 손수건에 금반지를 정성스레 다시 싸서 무원의 주머니에 넣어 주었습니다. 천천히 일어나 한강을 바라보는 지호의 눈에 서강 쪽을 향해 금반지처럼 화려한 해가 지고 있는 게 보였습니다.

[35] 1879~1910년. 독립운동가, 의병장, 교육가. 1909년 10월 26일, 하얼빈에서 조선 침략을 주도하고 초대 통감을 역임한 일본의 이토 히로부미를 암살했다. 그 자리에서 체포된 후 사형 선고를 받고 뤼순 감옥에서 순국하였다.

[36] 1886~1910년. 독립운동가. 1909년 명동 성당에서 친일파 이완용을 암살하려 했으나 실패한 후 사형 선고를 받고 24살의 나이로 순국하였다.

부록

● 1880

충청남도 회덕군 산내면 어남리(현재 대전광역시 중구 어남동)에서 태어났다.

● 1886

아버지가 돌아가셨다.

● 1887

할아버지를 따라 충청북도 청원군 낭성면 고두미 마을로 이사했다. 이때부터 할아버지가 운영하는 서원에 다니기 시작했으며, 열다섯 살이 되기 전에 《자치통감》을 해석하고 사서삼경에도 능통해 신동 소리를 들었다.

● 1895

풍양 조씨와 첫 번째 결혼을 했다.

● 1897

할아버지의 친구이자 대한 제국의 관리였던 신기선의 집에서 실학과 서양 학문에 대한 방대한 지식을 접하게 되었다. 이 해에 조선의 고종은 나라 이름을 대한 제국이라 고치고 황제에 즉위했다.

● 1898

신기선의 추천으로 성균관에 입학했다. 한문학의 대가이며 시인 변영로의 형인 변영만 등과 교류하면서 사회과학 서적을 읽었다. 이후 당시 유행하던 사회 진화론을 받아들이고 계몽 운동에 참여했다.

● 1899

형이 세상을 뜨자 가족을 돌보기 위해 고향으로 내려왔다.

● 1901

고향 근처의 문동 학원에 교사로 근무했다. 한문 무용론을 제기한 후 한글 사용에 앞장섰으며 〈대한매일신보〉 등에 국한문 혼용이나 순 한글로 글을 발표했다.

● 1903

경성에 다시 올라와 상투를 자르고 서양식 단발을 했다.

● 1904

일본의 황무지 개간권 요구에 반대하는 운동에 참여했으며, 다시 고향으로 내려와 산동 학당을 세워 신학문을 가르쳤다.

● 1905

성균관 박사에 임명되었으나 바로 다음 날 그만두고 고향에서 계속 학생을 가르쳤다. 장지연의 부탁으로 〈황성신문〉의 논설위원이 되었다. 을사늑약을 규탄한 장지연의 〈시일야방성대곡(是日也放聲大哭)〉이 문제가 되어 〈황성신문〉이 문을 닫게 되는 등 탄압을 받자 신문사를 그만두고 나왔다.

● 1907

대한자강회, 대한협회, 기호흥학회 등에서 활동했으며 국채보상운동에 적극적으로 참여했다. 이회영, 안창호, 양기탁, 이승훈 등과 신민회를 만들었다. 《이태리 건국 삼걸전》을 펴냈고 〈대한매일신보〉 주필로 종교, 교육 등 여러 방면에 걸쳐 계몽적인 글을 썼다.

● 1908

〈가정잡지〉가 다시 나오게 되자 편집과 발행을 맡아 부인들을 대상으로 한 계몽운동을 펼쳤다. 《을지문덕》을 출판하여 나라의 위기에서 영웅의 중요성을 강조했고, 〈대한협회보〉에 〈역사와 애국심의 관계〉를 발표하여 애국심을 키우는 데 역사의 중요성을 강조하였다. 〈대한매일신보〉에 〈독사신론〉을 연재하기 시작했다.

● 1910

신민회의 방침에 따라 망명을 준비하며 부인과 실질적인 이혼을 했다. 첫 번째 망명지는 중국의 칭다오였으며 곧 연해주 블라디보스토크로 옮겼다. 블라디보스토크에서 대한 제국이 망하고 일본의 식민지가 되었다는 소식을 들었다.

● 1911

연해주 한인들을 중심으로 한 권업회에 참여했다.

● 1913

블라디보스토크를 떠나 펑톈으로 가서 백두산을 오르고 압록강 주변의 지안 현에서 광개토대왕의 무덤을 답사했다. 칭다오를 거쳐 상하이에 도착한 후 도서관에서 중국 역사서와 사료를 공부했다. 상하이에 박달 학원이 설립되자 박은식, 홍명희, 문일평, 조소앙 등과 함께 중국에 머물고 있는 동포의 자녀들에게 역사를 가르쳤다.

● 1914

만주 서간도에 있는 동창 학교에서 역사를 가르쳤다. 지안 현 등에 남아 있는 고구려 고분을 답사했다.

● 1915

베이징으로 옮겼다.

● 1916

소설 《꿈하늘》을 썼다.

● 1917

조카가 친일파와 결혼한다는 소식을 듣고 밀입국했으나 자신의 말을 듣지 않자 의절하면서 손가락을 잘랐다. 경성으로 몰래 들어와 세상을 떠난 제자 김기수의 집을 찾아가 조문했다. 살아서 고국에 돌아온 마지막 길이었다.

● 1919

2월 〈대한 독립 선언서〉에 서명했다.

3월 베이징에서 청년 학생을 모아 군사 행동을 위한 대한독립청년단(일명 학생단)을 만들었다. 한성 정부에 참여한 후 상하이로 가서 대한민국 임시 정부 수립에 참여했다.

4월 제1회 임시 의정원 회의에서 위임 통치를 청원했던 이승만을 국무총리로 선출하는 데 반대했다.

8월 제6회 임시 의정원 회의에서 이승만을 대통령으로 선출하는 것에 격렬히 반대하다가 임시 의정원에서 해임되었다.

10월 상하이에서 〈신대한〉이란 잡지를 발간하여 대한민국 임시 정부의 독립운동 노선을 비판했다.

● 1920

〈신대한〉이 휴간되자 베이징으로 갔다.

6월 쑤이펀허에 위치한 한국인 청년 무관학교 학생들을 대상으로 클라우제비츠의 《전쟁론》과 혁명 이론을 번역하여 한국 역사와 함께 수업한 사실이 문제가 되어 체포된 후 고문을 받았다.

11월 이회영의 부인인 이은숙의 소개로 간우회 사건으로 망명해 왔던 박자혜와 재혼했다.

● 1921

맏아들 수범이 태어났다.

1월 중국인과의 항일 연합 전선을 위해 순 한문으로 쓰인 〈천고〉를 창간했다.

4월 이승만을 옹호하는 임시 정부를 비판하면서 위임 통치 청원은 무효라고 주장하는 성토문을 발표했다.

생활의 어려움을 견디지 못해 임신한 부인과 첫째 아이를 국내로 돌려보냈다. 베이징으로 찾아온 김원봉의 부탁으로 상하이로 가서 폭탄 성능 실험을 참관하고, 5장 6,400여 자로 된 〈조선 혁명 선언〉과 경고문 〈조선 총독부 소속 관공리에게〉를 썼다.

유자명이 조직한 다물단과 관계를 맺었다.

중국인 무정부주의자 리스쩡의 소개로 관음사에 들어가 승려 생활을 시작했다. 이 시기를 전후해서 〈이두문 명사 해석〉, 〈고사상 동서 양자 바뀐 실증〉, 〈평양 패수고〉, 〈전후 삼한고〉, 〈조선 역사상 일천년래 제일 대사건〉 등을 집필했으며 연말에 관음사에서 나온 뒤 이회영의 동생 이호영의 집에서 하숙했다.

1월 〈동아일보〉에 〈낭객의 신년 만필〉을 발표했다.

'무정부주의 동방 연맹' 결성 준비 모임에 참가했다.

● 1927

홍명희의 부탁으로 신간회 발기인으로 참여했다.
9월 베이징에서 한국, 일본, 중국, 타이완, 베트남, 인도 등 여섯 나라의 대표자들이 참가한 '무정부주의 동방 연맹' 창립대회에 한국인 무정부주의자 대표로 참가했다.

● 1928

부인과 장남을 베이징으로 불러 한 달간 같이 생활했다.
4월 톈진에서 한국인 아나키스트 대회를 개최했다.
5월 타이완 지룽 우편국에서 위조 외국환으로 돈을 찾으려다 체포되었다. 다롄으로 호송되어 10년형을 선고받았다.

● 1929

6월 홍명희의 노력으로 〈이두문 명사 해석〉, 〈고상상 동서 양자 바뀐 실증〉, 〈삼국지 동이 열전 교정〉, 〈평양 패수고〉, 〈전후 삼한고〉, 〈조선 역사상 일천년래 제일 대사건〉 등을 묶은 《조선사 연구초》가 간행되었다.

● 1935

악화된 건강 문제 때문에 형무소 측은 다른 사람의 보증이 있다면 나가게 해 주겠다고 했으나 친일파의 도움을 받을 수 없다며 거부했다.

● 1936

모든 독립운동 세력이 모이는 민족 전선을 만들어 일제와 싸워야 한다는 내용의 〈민족 전선을 위하여〉라는 시를 남겼다.
2월 21일 뇌출혈로 세상을 떠났다.
2월 22일 아침 11시 반쯤 뤼순 화장장에서 화장되었다.

2000년에 재미있는 영화가 한 편 개봉되었습니다. 제목은 아나키스트(The Anarchist). 1920년대 중국에서 활동했던 우리나라 무정부주의자들의 삶을 다룬 영화였습니다. 흥행에는 크게 성공하지 못했지만 당시 최고의 홍콩 배우인 여명이 주제가를 부르고, 중국의 전폭적인 지원 속에 의열단의 실제 무대였던 상하이를 배경으로 장동건, 정준호, 김상중 등 멋진 배우들이 등장했습니다.

이 영화의 한 장면. 새로 의열단에 입단한 상구는 입단식에 앞서 신채호 선생이 쓴 〈조선 혁명 선언〉을 외우느라 정신이 없습니다. 그런 자신을 놀리는 선배 단원들을 보며 상구는 그들이 "죽음을 깃털처럼 가볍게 여기며 거칠 것 없이 살아가는 풍운아들"이라고 생각합니다. 신채호, 무정부주의, 의열단이 연결되는 장면입니다.

그럼 신채호 선생이 강력히 지지했고, 의열단 단원들을 죽음도 두렵지 않게 했던 무정부주의란 무엇일까요?

무정부주의란 인류가 만든 모든 제도화된 정치 조직, 정부, 권력, 법적인 권위, 심지어 자본이나 종교까지도 부정하는 생각을 말합니다. 무정부주의자는 사람에게 가장 중요한 것은 무제한의 자유라고 생각하며 그것을 가로막는 것은 무엇이든 없애야 한다고 봅니다. 따라서 폭력을 두려워하지 않고 폭력이 정당하다고 믿으며 상대적 소수인 자신들이 취할 수밖에 없는 어쩔 수 없는 방법이라고 생각합니다.

정부, 권력, 지배자가 없는 상태를 뜻하는 고대 그리스어 'an archos'에서 유래한 아나키즘(Anarchism, 무정부주의)은 18세기 프랑스군 장교였던 루이 아르망 드 라옹탕이 북아메리카 인디언들이 국가, 법률, 사유 재산 등이 없는 사회를 이루고 사는 것을 보며 처음으로 사용했습니다. 근래에는 무질서와 혼란을 뜻하는 말로도 쓰이는 이 사상은, 인간은 서로 싸우고 자신만을 위하는 존재가 아니라 서로 돕는다는 성선설을 바탕으로 하고 있습니다.

무정부주의자는 이러한 생각의 기초 위에, 공동체를 위하는 인간의 본성과 반대되는 국가라는 것이 존재하여 사유 재산과 법률로 인간들을 서로 착취하고 싸우게 하며 억압하고 산업 문명을 발달시켜 자연적인 인간의 변화 노력을 뒤틀고 정신을 파괴한다고 믿습니다.

이러한 생각을 주장한 서양의 철학자로는 러시아의 대작가인 톨스토이부터 집단주의적인 무정부주의를 주장한 프루동, 바쿠닌, 신채호 선생에게 큰 영향을 끼친 크로폿킨 등 매우 다양합니다. 이들은 평등을 말하면서도 일정한 독재 조직을 구성해야 한다고 생각하는 공산주의에 비판적이었습니다.

우리나라에서는 일제에 맞선 항일 민족 운동의 한 형태로 나타나게 되었으며, 1922년 12월 박열이 중심이 되어 나중에 흑우회로 이름을 고치는 풍뢰회를 일본에서 조직한 후 확산되었습니다. 국내에서는 1923년 서동성이 대구에서 진우연맹이란 단체를 조직하여 시작되었습니다. 이 조직 역시 의열단처럼 주로 파괴와 암살을 방법으로 삼은 단체였습니다.

이들이 비교적 큰 영향을 끼치지 못한 가운데 이들보다 먼저인 1919년 만들어진 의열단은 일본을 공포에 떨게 했으며, 우리 독립운동 단체들에도 큰 영향을 주었습니다. 의열단은 사회주의를 따르는 면모도 있어서 철학적으로나 사상적으로 완벽하게 무정부주의의 영향을 받았다고는 할 수 없지만 단원 가운데 무정부주의자가 많았다는 점, 투쟁 방법에서 무정부주의와 상통하는 점이 매우 많았다는 점 등에서 무정부주의와 큰 관련이 있다고 할 수 있습니다.

1. 신채호 선생과 같은 독립운동가 대부분은 가족을 떠나 외국을 떠돌거나 감옥에 갇혀 가족을 돌볼 수 없었습니다. 만약 내가 그러한 부모님의 자식이라면 부모님에 대해 어떻게 생각했을까요? (11장 참고)

\
\
\
\
\

2. 신채호 선생이 1925년 〈낭객의 신년 만필〉이란 글에서 청년에게 당부한 것은 무엇일까요? 그리고 그것은 현재 우리에게 어떻게 적용될 수 있을까요? (7장, 10장 참고)

\
\
\
\
\
\
\

3. 〈조선 혁명 선언〉에서 가장 강조하고자 한 내용은 무엇일까요? (1장 참고)

4. 신채호 선생이 우리 역사에서 가장 중요한 사건이라고 부른 것은
무엇일까요? (10장 참고)

5. 인류가 시작해서 현재에 이르기까지의 과정을 '아'와 '비아'의 투쟁으로

파악한 신채호 선생의 말에 따라, 내 삶에도 이런 방식으로 볼 수 있는 사건이

있다면 무엇일까요? (4장 참고)

6. 소설 《용과 용의 대격전》에 나오는 미리와 드래곤의 특징을 비교해서 써

봅시다. (11장 참고)

7. 내가 만일 1923년 국민대표회의에 참여한 독립운동가라면 창조파와 개조파 중 어느 주장을 따를 것인지 역사적 근거를 바탕으로 서술해 봅시다. (1장 참고)

8. 옳은 일을 이루기 위하여 불법적인 과정을 거치는 것은 정당화될 수 있을까요? (11장 참고)

* 읽고 풀기의 PDF는 blog.naver.com/totobook9에서 다운로드 받을 수 있습니다.

1. 일제 강점기에 나라를 되찾기 위한 독립운동가의 투쟁은 대부분 목숨을 거는

   일이었습니다. 가족을 돌보거나 자식들의 생계를 위해 일할 수 없는 형편이었지요.

   그래서 많이 알려져 있듯이 독립운동가의 후손은 고아원에서 자라거나 어려운

   형편으로 제대로 된 교육을 받지 못해 여전히 어려운 생활을 하고 있는 경우가

   많습니다. 이 질문에 여러분은 아마도 '나라보다 가족이 먼저가 아닐까?' 하는

   생각과 '그래도 나라가 있어야 가족이 있으니 내가 조금 더 참아야지.' 하는

   생각으로 나뉠 겁니다. 둘 다 틀린 답은 아닙니다.

   어릴 적 부모님이 안 계시는 삶은 너무나 고통스러운 일이고 그걸 참아 내기란

   쉽지 않았을 겁니다. 이 책에서 신채호 선생이 그렇듯 당시의 독립운동가들도

   '가족은 전혀 중요하지 않고 독립만이 제일'이라고 생각하지는 않았습니다.

   끊임없이 가족을 걱정하고 자식과 함께하는 안락한 삶의 유혹에 흔들렸습니다.

   하지만 그들은 자식에게 줄 수 있는 가장 큰 선물은 돈이나 권력보다는 해방된

   나라의 자유롭고 인간다운 삶이라고 생각했습니다. 그래서 가족을 위한 삶을 잠시

   미룬 것이겠지요. 독립은 반드시 올 것이고 자신의 희생으로 더 빨리 올 수 있다고

   생각했을 테니까요. 지금 우리 부모님을 생각해 보면 그들의 생각이 무엇이었는지

어렴풋이 짐작되고는 합니다. 돈을 벌어 가족의 생계를 책임지는 일은 지금도

독립운동만큼 중요한 일입니다. 그래서 부모님은 매일 늦게까지 여러분과의

따뜻한 시간을 뒤로 미루고 있는 거겠지요.

2. 당시 우리나라나 중국 모두 젊은이들이 새로운 문학의 열풍에 환호하고

있었습니다. 지금처럼 즐길 거리가 많지 않았으니 청년들은 문학이 주는 즐거움에

빠질 수 있었습니다. 그러나 신채호 선생은 한때의 즐거움보다 역사가 가리키는

독립 투쟁이라는 더 크고 중요한 일에 먼저 나서 줄 것을 호소했습니다. 현재도

마찬가지입니다. 만약 단재 선생이 살아 있다면 아마도 좋은 대학, 좋은 직장을

위해 온통 힘을 쏟고 있는 젊은이들에게 우리 사회의 여러 문제를 근본적으로

해결하는 일을 향해 되돌아보라고 권했을 거예요.

3. 의열단의 부탁으로 만들어진 이 글에서 신채호 선생은 너무나 고통스러운 조국의

현실, 그 현실을 깰 수 있는 바른 방법, 그 방법으로서 폭력 투쟁의 정당성을

일깨우고 싶어 했습니다. 따라서 일본에 대한 폭력적 정벌이 필요하다는 것을

강조했다고 할 수 있습니다.

4. 자주 세력과 사대 세력의 싸움이며, 진취 사상과 보수 사상의 싸움이라 정의했던

묘청의 서경 천도 운동이었습니다. 신채호 선생은 이 사건으로 우리 역사가 큰 어려움에 빠지기 시작했다는 점에서 이 사건을 고려와 조선을 합친 1천 년 기간 중에 제일 큰 사건이라고 불렀습니다.

5. 부모님이나 형제, 친구와의 갈등에서 비롯된 일이 많겠지요. 그 외에도 자신이 도전하려고 했던 시험이나 목표를 써도 좋고 뜻하지 않게 자신에게 닥쳤던 사건을 곰곰이 생각해 봐도 답을 찾을 수 있을 겁니다. 무엇보다 '아'의 관점에서 '아'를 중심으로 써야 한다는 건 잊지 않았겠죠?

6. 동양의 용인 미리는 사람들을 억압하거나 착취하며 심지어 하늘의 상제에게 그 방법을 조언해 주기까지 합니다. 그러나 서양의 용을 상징하는 드래곤은 서양의 여러 시민 혁명을 상징하듯, 부당한 억압과 차별에 저항하고 평등한 사회를 만들려는 사람들을 돕는 좋은 모습으로 그려져 있습니다.

7 우리 국민들이 많이 살고 있는 연해주나 만주가 아닌 상하이에 임시 정부를 세운 이유는 당시 상하이가 국제적인 도시여서 많은 서양 외교관들을 만날 수 있다는 기대에서 비롯된 것이었습니다. 그런데도 1919년 임시 정부를 만든 이후 4년이 다 되도록 이승만 등이 주장한 외교를 통한 독립운동은 거의 성과를

거두지 못했습니다. 창조파는 그러한 점을 들어 임시 정부의 해체를 주장했고,

개조파는 어렵게 세워진 임시 정부의 통합적인 성격과 그 정통성을 유지해야

한다고 주장했습니다. 무엇보다 무장 투쟁의 비용, 인원 등 현실적인 문제를 들어

창조파의 의견에 반대했습니다.

8. 외국환 위폐 사건을 예로 들어 설명해 보세요. 결과만 좋으면 과정은 어찌 되든

상관없는지, 당시 독립운동의 상황 속에서 불법이라는 말 자체가 성립할 수

있는지, 과정과 상관없이 이루어야 하는 좋은 목표라는 것이 있는지, 허용할

방법의 한계는 어디까지인지를 생각해 볼 수 있습니다.

참고 도서

- 신채호 지음, 이만열 주석, 《주석 조선 상고사》(상·하), 단재신채호선생기념사업회, 1988

- 이호룡 지음, 《신채호 다시 읽기》, 돌베개, 2013

- 김삼웅 지음, 《단재 신채호 평전》, 시대의 창, 2013

- 김삼웅 지음, 《약산 김원봉 평전》, 시대의 창, 2015

- 김남일 지음, 《늘 푸른 역사가 신채호》, 창비, 2007

- 최원식·임규찬·진정석·백지연 엮음, 《20세기 한국 소설》 1권, 창비, 2010

- 박정규·박광순·김문종·이웅재 엮음, 《도록 단재 신채호》, 단재문화예술제전추진위원회, 2006

- 이덕일 지음, 《아나키스트 이회영과 젊은 그들》, 웅진닷컴, 2001

- 노형석 지음, 이종학 사진, 《한국 근대사의 풍경》, 생각의 나무, 2006

- 김욱동 지음, 《이문열》, 민음사, 1994

- 한국민족문화대백과사전